L'HOMME DE MA VIE

DU MÊME AUTEUR

Voir page 350.

Madeleine Chapsal

L'HOMME
DE MA VIE

Fayard

© Librairie Arthème Fayard, 2004.

Pour Sabine de Fouquières

et pour ses quatre fils.

« Écris, toi, écris tout ce que tu sais et tout ce que tu veux sur nous, parce que moi je ne le ferai jamais », m'a demandé Sabine.

« Écris-nous Papa, écris Papa et toi », m'ont confirmé les fils.

Au début il n'y a rien – que la guerre.

À l'époque, je relève d'une primo-infection et ma mère m'envoie me remettre chez ma tante paternelle. Avec mes deux cousins, nous vivons dans un chalet isolé au Mont-d'Arbois, sur les hauteurs de Megève. Et ce jour-là nous dansons.

J'ai dix-sept ans, les jeunes gens qui m'entourent ont à peine plus ou un peu moins. Tous ont des raisons d'être réfugiés à Megève ; leurs parents sont juifs, étrangers ou dans la Résistance. Certains, comme moi, sont en convalescence. Nos surprises-parties ont lieu l'après-midi : le soir, il y a le couvre-feu et nous n'osons pas l'enfreindre. Aujourd'hui, la réunion a lieu dans le chalet de ma tante où, pour une fois, des parents accompagnent leurs enfants.

Un jeune homme que je n'ai pas encore rencontré, pas très grand mais qui me semble plus déterminé que les autres, le cheveu coupé très court, s'approche de moi et m'invite pour un slow. Je sens tout de suite que danser ne l'intéresse guère, c'est parler qui le motive : « Vous êtes intuitive ou déductive ? » Personne ne m'a jamais interpellée de la sorte.

J'apprends plus tard qu'il vient de réussir l'entrée à Polytechnique ; il a passé le concours à Grenoble. Sa famille habite un peu plus loin, sur le plateau, du côté de ce que nous nommons le « calvaire » ou le

« raidillon » : un chemin abrupt qui permet de descendre droit au cœur de Megève. Pour moi, c'est effectivement un calvaire : je ne suis pas encore remise, j'ai parfois de la fièvre et tout effort physique m'épuise.

Mais il ne roule guère de voitures, pendant la guerre, à peine, de temps à autre, un autobus à gazogène. Si on le rate, on n'a plus qu'à grimper à pied jusqu'au Mont-d'Arbois, et je souffle à chaque pas. J'en profite pour considérer le cirque de ces montagnes qui m'entourent : la neige y est immaculée, on skie peu ; à cause des restrictions d'électricité les téléphériques ne fonctionnent qu'une à deux fois par semaine. Au printemps, les eaux ruissellent sur la route – c'est le dégel... De très petites fleurs jaunes percent la croûte fondante, on aperçoit les traces légères d'animaux sauvages : lièvres, oiseaux, renards...

Ma jeunesse est enfermée dans ce qui est à la fois un nid – je suis au chaud, je mange – et une cage : c'est l'immobilité, le silence.

Je ne revois pas le jeune homme, il est parti. À l'époque, les gens vont et viennent en secret. On m'a dit qu'il s'appelait Jean-Jacques et tous ceux qui prononcent son nom le font avec déférence, comme s'il était différent des garçons de son âge.

Je passe mon bac et le réussis ; les épreuves se déroulent à Annecy, puis à Chambéry. Mon père, ma mère, demeurés à Paris, sont contents. Puis les Allemands entreprennent d'occuper la zone jusqu'alors non-occupée, dans laquelle se trouve la Haute-Savoie. Ma tante, qui a épousé un Juif dont elle a deux fils, mes cousins germains, craint pour eux et décide de rentrer à Paris. Ici, nous sommes trop exposés. Dans une grande ville on est plus en sécurité que dans un village où tout le monde se connaît, s'épie, et où la dénonciation va bon train. Je ne le sais pas, mais la famille de Jean-Jacques en fait autant. Sa mère et ses trois sœurs, son petit frère de dix ans, tous regagnent leur appartement parisien, où ils aideront la Résistance sous le nom de Servan.

Du père, qui est juif, alors que sa femme est catholique, on ne parle pas : il a disparu en même temps que son fils aîné, Jean-Jacques.

C'est à la Libération que j'apprends qu'ensemble ils ont clandestinement quitté Megève, presque aussitôt après notre rencontre, pour gagner l'Afrique du Nord, par l'Espagne, rejoindre les troupes de De Gaulle dans lesquelles Jean-Jacques s'est engagé. Une partie de ces volontaires a été envoyée en Angleterre, l'autre, dont lui, aux États-Unis pour y suivre un entraînement de pilote de chasse.

Je n'y songe pas, mais le contact entre ce jeune homme et moi a eu lieu. Celui que Jean-Jacques sait si bien établir avec les femmes : il s'est intéressé à mes études, à mon avenir ; dès lors, je me sens soutenue, renforcée par un immense désir d'aller aussi loin que mes forces me le permettront.

D'abord vivre – mais, en principe, je suis guérie.

Une fois revenue chez ma mère, qui vient, en pleine guerre, d'ouvrir sa maison de haute couture avenue George-V, en face de Balenciaga, et qui travaille sans arrêt, je vais m'inscrire à la faculté de droit. Je ne sais pas ce que j'attends, ni qui j'attends. Je ne suis amoureuse de personne même si toutes mes amies le sont. Ou le prétendent. On se contente de flirter et, là aussi, dans Paris libéré, plus encore qu'à Megève, on danse.

Vêtue des derniers modèles de la maison de couture – ces merveilleuses robes du soir, en mousseline, en satin, que me prête ma mère –, assise en amazone sur le cadre ou à califourchon sur le porte-bagages de la bicyclette d'un garçon ou d'un autre, une fleur de lilium derrière l'oreille, je me rends à des bals mondains, dans des boîtes de nuit élégantes où l'orchestre joue *Long ago and far away*...

Joue contre joue avec de beaux jeunes gens qui ne me demandent rien, ni de moi ni sur moi, je ne sais pas que j'attends celui qui me demandera tout et qui va réapparaître.

Paris se libère, les troupes d'occupation refluent peu à peu, des combats ont encore lieu sur le pourtour et dans certains quartiers de la ville. Maman nous enjoint, à ma sœur et à moi, de rester chez nous alors qu'elle-même continue de se rendre à bicyclette avenue George-V, à sa maison de couture qu'une partie du personnel rallie à pied.

Et puis, un jour, une grande rumeur envahit la ville. Avec des amis je vais jusqu'à la place de l'Étoile où tout le monde danse. Je ne me rappelle pas d'où provient la musique, mais c'est comme un conte de fées : la ville et ses habitants semblent sous l'empire d'un charme.

Il règne tout cet été-là, pour nous du moins, dans nos quartiers redevenus paisibles. À nouveau – toujours à bicyclette –, nous circulons sans peur et sans barrages jusqu'au bois de Boulogne, un temps interdit, et plus loin encore, à Saint-Cloud qui est encore presque la campagne ; dans ses grands parcs l'herbe n'est pas fauchée et on s'y prélasse. Ce sont les vacances, la faculté est fermée, je m'occupe de revoir beaucoup de mes amis de Megève, des Parisiens comme moi qui sont rentrés et m'en présentent d'autres. On flirte plus que jamais, la guerre est finie et on peut à nouveau faire de l'amour, l'affaire capitale. Je m'amuse à séduire, je ne tombe toujours pas amoureuse.

Et voilà que Jean-Jacques, le jeune homme à peine entrevu à Megève, est en face de moi sur le balcon d'un petit appartement bourgeois du XVIe arrondissement. Une suave musique de jazz nous enveloppe. Jean-Jacques est dans son uniforme bleu marine de l'aviation américaine, des ailes de métal cousues sur sa poitrine ; il a le grade de lieutenant. Dans la pièce, les autres dansent, tous des jeunes de notre âge, insouciants.

Il s'appuie du coude sur la rambarde du balcon, ses yeux bleus, qu'il plisse à demi comme pour mieux me voir, me fascinent. Nous ne nous quittons pas de la soirée. Les autres, mes « flirts » habituels, ces jeunes hommes à qui rien n'est arrivé pendant la guerre, qui n'ont pas de passé, pas d'histoire, me paraissent fades à côté de lui, le sont sans doute. Leurs mots ne me transpercent pas, comme viennent de le faire les siens.

C'est la seconde fois que Jean-Jacques et moi nous revoyons depuis son retour en France. La première c'était à un mariage, celui d'une de mes proches amies de Megève qui épousait un Mégevan. Ma jeune sœur m'accompagne ; ma mère nous a fait confectionner des robes – elle est maîtresse de notre habillement – dans un textile bizarre, un ersatz blanc et plissé qui sent un peu mauvais, avec de larges manches à mi-bras. Sur les photos, prises devant une petite église de Neuilly, je me découvre juchée sur de hautes chaussures à semelles compensées, des fleurs en tissu dans les cheveux, le buste étroit, la taille mince. L'air ailleurs. Une « vraie » jeune fille, comme on disait.

C'est sur ce parvis, à la sortie de la cérémonie, que je retrouve Jean-Jacques, lequel me reconnaît, me salue, me parle. Si je suis surprise de le revoir dans des circonstances de fête, lui en uniforme, moi en Parisienne élégante, je n'éprouve sur l'instant rien de particulier. Depuis quelque temps je suis mélancolique, la vie familiale a repris, nous sommes confinées entre femmes, à la maison comme dans le milieu de ma mère, la couture, et je vois à peine mon père qui s'est remarié au début de la guerre. Beaucoup de garçons me sortent, aucun ne me sort de moi.

C'est par un second hasard que Jean-Jacques et moi sommes à nouveau ensemble à cette surprise-partie organisée par nos amis de Megève. Cette fois je suis contente de le voir, il vient d'un autre monde : les États-Unis, la guerre, l'occupation de l'Allemagne. En même temps, ce jeune homme – il a vingt et un ans – et moi avons un passé commun : la Haute-Savoie, le Mont-d'Arbois, sa famille, ses sœurs que j'ai coudoyées là-bas.

Soudain, sans transition, Jean-Jacques me dit qu'il est amoureux. D'une jeune fille à qui il a proposé le mariage, qui a refusé et qui est partie naviguer sur un voilier en Méditerranée avec son père. Ce qui l'a contristé.

Mais pourquoi, quand tout semblait nous rapprocher, me parle-t-il de cette fille dont il se dit amoureux ? Par honnêteté, pour m'informer qu'il a le cœur pris ? Pour se rendre intéressant avec une déception amoureuse qui, à vrai dire, ne lui sied guère ? Ou lui ai-je paru froide – je pouvais donner cette impression tant je retenais alors me émotions – et a-t-il voulu m'ébranler ?

Je ne sais ce qu'il cherche à susciter en moi à cet instant-là, mais je me referme. J'ai toujours fui la rivalité, les conflits. J'aime être l'élue, la préférée, sinon je me retire... Je suis ainsi dès l'enfance.

Je dis vouloir rentrer et Jean-Jacques se dispose à me raccompagner, il conduit une petite voiture, je saurai plus tard que c'est une Peugeot 201. Je n'y connais rien en automobiles, bien que je m'apprête à passer mon permis en m'exerçant sur celle de ma mère. Une fois devant chez moi, il descend le premier pour m'ouvrir la portière – les bonnes manières apprises aux États-Unis !

Je lui tends la main pour lui dire au revoir ; sans m'embrasser, fût-ce sur la joue, il propose que nous nous revoyions et sort son agenda de sa poche, un petit carnet Hermès – il m'offrira le même plus tard –, et y note mon numéro de téléphone, Passy 02 94. Dès le lendemain, il m'appelle. Nous convenons de prendre un verre dans l'un des bars chics de son quartier, dans le VIIIe.

Mais je suis en arrière de la main. Il faudra qu'il me parle beaucoup avant que je me mette à lui faire un peu confiance. Je suis restée sur ce qu'il m'a dit, qu'il était amoureux, et je n'ai nul besoin, entre cet homme et moi, d'une autre femme.

Entre mon père et moi il en existe une, sa nouvelle épouse, et sans me l'avouer j'en souffre. Jean-Jacques perçoit-il ma réserve, et que c'est lui qui l'a provoquée ? Il ne me lâche plus.

Il est venu me chercher à la maison ; Maman est sur le pas de la porte, l'air inquiet comme chaque fois qu'elle se sépare de moi. Jean-Jacques m'a invitée à passer le week-end chez ses parents, dans une petite station balnéaire du pays de Caux, Veulettes-sur-Mer.

Je ne suis pas majeure et ma mère me tient serrée. Il a fallu que Mme Servan-Schreiber, qu'elle ne connaît pas, lui téléphone et lui garantisse qu'elle sera présente et servira de « chaperon » pour que Maman accepte de me laisser partir seule avec ce garçon.

Je ne suis jamais allée en Normandie – sauf le jour où, par le train, Maman m'a emmenée en pèlerinage à Lisieux. Il n'y a pas d'autoroute, nous traversons Mantes, Rouen, Yvetot, puis nous empruntons des départementales de plus en plus étroites, traversons des villages dépeuplés. Soudain, sans prévenir, la terre s'arrête, il n'y a plus que des falaises, de rares maisons, une plage de galets, la mer, l'horizon. Je m'y plais dès le premier coup d'œil, tant c'est désert. Je suis attirée par les lieux restés sauvages comme mon Limousin – ma mère est née en Corrèze – et ce pays-là me convient.

Le lendemain, Jean-Jacques m'emmène considérer les vagues du haut de la digue. Le ciel est gris, bas, il y a du vent et, en dépit du drapeau rouge dont, dans mon ignorance des choses de la mer, je ne connais pas la signification, il me dit : « Allons nous baigner. » J'accepte aussitôt ; il a l'air de savoir si bien ce qu'il fait ou ce qu'il faut faire, il me l'a démontré par sa façon de conduire, de changer un pneu – les pneumatiques de l'époque crevaient tout le temps –, mais aussi en m'enlevant à ma mère en dépit de ses réticences.

Nous avançons sur les galets jusqu'à la cabine de bains de ses parents où se trouve entreposés des maillots. Nous y entrons l'un après l'autre, comme l'exige alors la pudeur. Jean-Jacques, prêt avant moi, se dirige sans m'attendre vers la mer.

De loin, je le vois pénétrer dans l'écume, jambes écartées ; aussitôt il se retourne et me fait de grands signes en me criant quelque chose que je n'entends pas, tant la houle est puissante. J'en déduis qu'il m'appelle pour que je le rejoigne.

Marcher pieds nus sur les galets me fait mal et je me précipite vers la mer pour nager. À peine y suis-je à mi-mollet qu'une haute vague me renverse avec une violence telle que je ne puis me relever. Une seconde se fracasse sur moi et commence à m'assommer avec les galets qu'elle charrie. Impossible de nager, les fortes vagues s'entrecroisent et me tiraillent en tous sens, je ne garde que par instants la tête hors de l'eau, je manque d'air et j'ai conscience que je suis en train de me noyer.

Étrangement, cela m'est égal. Je ne lutte pas vraiment, je n'ai pas peur, je suis même prête à me laisser emporter...

Ma vraie crainte était-elle celle du destin qui m'attendait avec Jean-Jacques ? Je sens qu'il est en train de s'emparer de moi, et, sans le savoir, ai-je eu envie d'échapper ?

La fuite n'aura pas lieu : une poigne vigoureuse m'agrippe et me sort de cet enfer marin. Jean-Jacques est venu à mon secours, mais pas tout seul : quelques passants massés sur la digue ont fait appel au sauveteur – il sera décoré par la suite – et à sa corde. Je suis inerte, on me porte et me dépose sur les galets. La mer a bousculé mon maillot, un de mes seins est à l'air, Jean-Jacques s'empresse de le recouvrir en remontant ma bretelle.

Prévenue, Mme Servan-Schreiber est derrière la digue, elle s'arrache les cheveux : « Quand je pense, me dira-t-elle plus tard, que j'avais promis à votre mère de veiller sur vous et que vous avez manqué de vous noyer... Que lui aurais-je dit ? »

Noyée je le suis, mais dans une autre tempête, invisible cette fois, où, là aussi, je me laisse aller avec une sorte d'indifférence : je suis amoureuse. C'est la première fois.

Soutenue par Jean-Jacques, je parviens à me relever et marche jusqu'à la cabine. Il y entre avec moi – adieu, pudeur ! –, me frictionne. Soudain, il arrête le mouvement de la serviette, approche son visage du mien, m'embrasse sur la bouche.

Est-ce parce qu'il se sent soulagé de me voir saine et sauve – n'est-il pas responsable de l'imprudence commise ? Peut-être aussi est-il content : Jean-Jacques aime défier le sort, et s'en sortir. Il m'a raconté comment, durant son entraînement de pilote de chasse aux États-Unis, il ne regardait ni à gauche ni à droite si d'autres avions se trouvaient aile à aile à ses côtés ou derrière lui : ses camarades, prévenus, se tenaient à l'écart de sa trajectoire, et c'est ainsi qu'il est sorti premier de son escadrille. Le danger le fascine. Lui paraît-il plus excitant lorsqu'une femme l'accompagne ?

Il cesse de m'embrasser pour que je puisse me rhabiller et rit en me regardant : de grosses bosses commencent à me déformer le front, mon œil gauche vire au noir : la mer m'a lapidée et cela se voit ; on ne pourra pas dissimuler ma quasi-noyade à ma mère... (Sa fille a frôlé le pire. Et si c'était sainte Thérèse de Lisieux qui l'avait protégée ? Maman glisse des chapelets sous ses minuscules mouchoirs parfumés.)

Mme Servan-Schreiber nous entraîne vers la fermette aménagée en habitation où nous pouvons nous réchauffer, boire du chocolat chaud. Mais c'est une autre nourriture que nous venons de goûter ensemble, celle de l'excessif, de l'extrême, dans le dédain des drapeaux rouges et de l'interdit. Un filtre puissant qui nous a donné du désir l'un pour l'autre.

Tout le temps de mon enfance et de mon adolescence, j'ai lu à perdre haleine. L'été surtout, dans la maison du Limousin, isolée que j'étais entre ma grand-mère et ma sœur. C'était ma seule distraction hors les promenades à pied dans les prés et les champs, ou à bicyclette pour aller chercher le pain au village. Il n'y avait pas la télévision, ni de CD, à peine un phonographe et quelques disques usés de chansons de l'époque : *Ramona, Couchés dans le foin*...

Heureusement il y avait les livres, d'Alexandre Dumas à André Maurois, de *La Princesse de Clèves* au *Maître de Forges* et à *Madame Bovary*, en passant par Victor Hugo, Verlaine, Rimbaud, Tristan Corbières et une collection complète de *La Petite Illustration*, complément théâtral de *L'Illustration*.

Des histoires d'amour, des romans de passion ardente, d'enchantement entre quelque jeune femme fière, difficile à conquérir – moi ? –, et un jeune homme beau, intelligent, courageux, qui avait tout du Prince charmant – comme l'était ce Jean-Jacques que je venais de rencontrer !

Et lui, avait-il rêvé d'amour au cours de son adolescence bûcheuse et de son exil aux États-Unis ? Ou pensait-il à sa future carrière vers laquelle – quelle qu'elle dût être – il était tendu comme un arc ?

Il avait eu quelques aventures – je ne tenais pas à le savoir –, comme il est normal pour un garçon. Moi, aucune, obéissant en cela aux codes de mon milieu et de l'époque, où ne pas rester vierge était inconcevable. Jusqu'à la rencontre pour le « bon motif »...

Magie de l'amour à ses premiers temps : tout ce qui se passe entre lui et moi, jour après jour, heure après heure, me transporte dans un autre monde. Celui du romanesque – quand le rêve devient réalité ! Le mien vient de s'incarner sans que j'aie eu autre chose à faire qu'être moi, Jean-Jacques ne me demande rien d'autre.

Plus tard, dans *Passions*, sa biographie, il trace ce portrait : « *J'ai rencontré une jeune femme qui tranche sur les autres. La fille de la grande couturière Marcelle Chaumont. C'est Madeleine Chapsal. Elle est la délicatesse et la grâce. Elle a tous les dons : elle dessine et peint naturellement. Elle a aussi – je l'aide à le découvrir – un original talent d'écrivain. Elle est confiante, délicate – et d'une rare intelligence.*

« *Je dois beaucoup à Madeleine, à sa sûreté de jugement et à quelque chose que je perçois pleinement – sa passion de la vérité. D'où sa ferme douceur.* »

Est-il objectif ? C'est en tout cas – et je le lui laisse – le souvenir qu'il entend garder de celle qui va alors devenir sa femme. Comme dans un songe qui se réalise.

Jean-Jacques vient d'arrêter la voiture devant l'un des nombreux châteaux qui parsèment le pays de Caux. Comme il ne peut tenir en place, il a entrepris, cette fin de week-end, de m'emmener en auto faire le tour guidé de la région : Paluel, Saint-Valery, Veules-les-Roses... Sa façon de conduire s'inspire de son pilotage : la route est à lui. Et il se gare où bon lui semble. Une ou deux fois, je me suis inquiétée. Il m'a répondu en tirant sur sa paupière inférieure : « L'œil du pilote ! » Signifiant par là qu'à la dernière seconde il saurait éviter le danger – tracteur, camion, autre véhicule, cheptel ou piéton. J'ai cessé de protester, et aussi de m'en faire : avec lui, je ne m'appartiens plus. Qu'il se débrouille de notre sort ! – ce qu'il est en train de faire.

La petite Peugeot a le nez contre la grille fermée du château et Jean-Jacques, en deux mots, me donne le nom de ses propriétaires, m'en fait l'historique. Les volets du bâtiment sont clos, il semble vide, on dirait un château de légende qui attend qu'on l'éveille. À ma semblance...

Soudain il se tourne, me prend dans ses bras et se met à m'embrasser à perdre haleine, comme il avait commencé dans la cabine de bains.

Consciente de mes plaies et bosses, j'ai dissimulé ma tête sous un foulard, il me l'ôte : peu lui importe mon aspect, il est déterminé, je le sens, à me lier à lui et, pour cela, à me faire sa demande. Avec déjà son talent pour la mise en pages, avait-il d'avance choisi le cadre : ce château féerique qui sort de la brume ?

Il écarte son visage du mien tout en me gardant dans ses bras : « Voulez-vous m'épouser ? » me dit-il. C'est plus une affirmation qu'une question. Abasourdie, je tente de reprendre mon souffle, comme lorsque j'allais à la noyade, et là aussi je lui réponds : « Oui. »

Pour ce qui est de nous, c'est scellé, et, en quelque sorte, c'est fait : nous venons de nous marier face à ce château.

Nous n'en reparlerons plus, comme de tout ce qui se conclut entre lui et moi – sur un mot, une phrase brève. Jean-Jacques est le champion de la concision. Si c'est une qualité dans le domaine des idées et de l'écriture, sur le plan affectif, c'est parfois trop court, et il arrive qu'on en pâtisse.

Reste à avertir nos parents respectifs afin de fixer les modalités de ce qui ne nous apparaît pas comme un événement, mais une évidence : nous allons vivre ensemble. Pour toujours.

C'est le début de ce qu'il qualifiera dans sa dédicace, en m'envoyant *Passions* : « *Notre aventure sans fin...* »

De fait. Là aussi, le « pilote », l'homme qui venait de l'avenir voyait juste.

Combien de mètres de tissu, combien d'heures de travail a bien pu coûter ma splendide robe de mariée ? Cela ne m'intéresse pas... Au début, nous ne voulons pas de cérémonie religieuse, Jean-Jacques et moi, ni même de mariage civil – mariés, ne le sommes-nous pas depuis notre engagement devant le château ? Ces rites sociaux ne représentent rien à nos yeux : trop conventionnels, trop petits à côté de la démesure de notre amour.

Nous ne voulons pas non plus exposer notre union au regard d'autrui, elle a besoin de secret. Jean-Jacques m'a dit : « Ne parle jamais de nous à personne. » Nous ne souhaitons qu'être ensemble, tout le temps. N'importe où, peu importe. De toute façon, nous ne formons qu'un. Par le désir.

C'est pour leur faire plaisir, à eux qui nous aiment tant, nos parents, que nous finissons par accepter l'idée d'un mariage officiel. Jean-Jacques me le signifie d'une courte phrase sans appel : « Faisons-le, puisqu'ils y tiennent. » Je dis « Oui », je dis toujours oui à tout ce que veut Jean-Jacques.

Toutefois, il a décidé de préparer d'abord son concours de sortie de Polytechnique où il a été admis avant de quitter la France pour rejoindre de Gaulle. Ce sont des matières très difficiles, des mathématiques de haut niveau, et durant ses années en Amérique consacrées au pilotage du P47, son avion de chasse, il a en quelque sorte perdu le fil. Pour le retrouver, il lui faut travailler jour et nuit. Afin que rien ne vienne l'en distraire, il continue d'habiter chez ses parents dans un « placard » : une pièce minuscule qui ne comporte pas de fenêtres ; il ne sait pas l'heure qu'il est, ne se couche que lorsqu'il tombe endormi. On lui apporte de quoi manger et des litres de café.

De temps en temps, il sort pour déjeuner ou dîner avec moi dans un restaurant russe situé près de chez lui, en face de la maison de couture de ma mère, avenue George-V. On nous réserve la même table avec banquette en angle au fond de l'établissement, et là nous parlons, indéfiniment. Il me donne sa vision du monde, et moi j'expose la mienne. Elles se rapprochent : nous avons horreur de la guerre, de l'hypocrisie politique, du machinisme et de tout ce qui entrave la liberté individuelle. J'écris dans mes cahiers que la société est en passe de devenir une gigantesque usine où les humains robotisés ne serviront plus qu'à « *fabriquer des bombardiers* ».

Jean-Jacques acquiesce, rétorque qu'il ne faut pas laisser faire, nous avons pour mission d'inventer une nouvelle société. Le champ est libre ; la guerre, d'après lui, a détruit celle de nos parents, qui était inique.

Il me ramène en voiture chez ma mère, se gare le long du trottoir et nous nous embrassons, encore et encore. Interminablement. Jamais je n'embrasserai un homme autant et aussi longuement que j'ai embrassé Jean-Jacques.

Pour m'occuper en attendant qu'il sorte de Polytechnique, je prépare ma troisième année de Droit, j'apprends les cours par cœur : Droit romain, Droit civil, Enregistrement, et j'obtiens ma licence avec mention. Quant à Jean-Jacques, il sort de l'École polytechnique dans un bon rang, sinon le premier.

Nous apprenons nos résultats le même jour, nous sommes exténués par le travail intensif des dernières semaines, et quand nous nous retrouvons chez sa mère, tôt dans l'après-midi, elle nous pousse à nous allonger tous les deux dans un même lit où nous nous endormons, tout habillés, jusqu'au lendemain.

C'est la première fois que nous sommes couchés l'un contre l'autre. Mme Servan-Schreiber est contente que l'amour n'ait pas détourné son fils de son concours, et, à sa façon, elle nous protège. Maman, comme toujours, travaille ; nous ne parlons de rien. Sans doute est-elle heureuse de me garder encore un peu à la maison.

C'est l'été 1947, le plus chaud depuis longtemps, celui où l'*Exodus*, avec son chargement de passagers juifs en partance pour ce qui n'est pas encore Israël, erre en Méditerranée. Nous passons le mois d'août chez ma mère, dans le Limousin. Interminables promenades à pied à travers champs jusqu'à la Vienne et ses rochers, à sec vu la canicule. Les abeilles bourdonnent, les travaux des champs aussi, nous lisons, nous dormons, je suis heureuse ; j'ai atteint ce qui était le seul but de ma vie : l'amour passion.

Est-ce parce que j'en ai si longtemps, si ardemment rêvé comme de la seule chose qui valait la peine de vivre, ou parce que Jean-Jacques est pilote de chasse ? Cet amour m'est tombé du ciel tel un aigle, le Saint-Esprit. Ma seule anxiété : depuis le divorce de mes parents je ne supporte pas le moindre froissement, la moindre chamaillerie, tout ceux qui m'approchent ou m'entourent doivent s'aimer.

C'est parfois difficile et, souvent, je suis blessée, déçue.

Après avoir froncé le sourcil quand je lui ai annoncé ma résolution de me marier avec le fils d'une famille de journalistes – elle n'avait pas une haute opinion de la presse –, dès qu'elle voit Jean-Jacques Maman succombe elle aussi à son charme, l'adore et n'en démordra plus.

C'est dans un club réservé aux gradés de l'armée américaine – il est lieutenant – que Jean-Jacques a non pas demandé ma main, mais averti Maman de sa décision : « J'épouse Madeleine. » Elle rit en le racontant : « Ce garçon ne m'a donné aucune possibilité d'objecter quoi que ce soit... » Elle déguste une glace crémeuse comme nous n'en avions pas mangé depuis la guerre, l'*ice-cream* du club *Maridor*, avenue du Président-Wilson.

Curieuse répétition d'un incident de sa propre vie : ma mère est célibataire et un homme qui l'aime et qui lui plaît, un aristocrate, lui apprend – en pleurant, m'a-t-elle dit – que sa famille s'oppose à leur mariage, ma mère, qui travaille dans la couture, n'étant pas de leur milieu. Maman est assise en face de lui, chez l'ancien Rumpelmeyer, rue de Rivoli, et elle savoure sa gourmandise favorite, une glace au café. « C'est bizarre, au lieu d'être triste, je n'ai plus pensé qu'à une chose : après ce qu'il vient de me dire, est-ce qu'il est convenable que je finisse ma glace ? J'en avais bien envie... »

Or c'est aussi devant un café glacé qu'un autre homme lui apprend qu'il va épouser sa fille, et qu'il s'en trouve honoré. Jean-Jacques vient de réparer l'offense du passé.

D'où la joie de Maman à créer et faire exécuter cette robe. Elle est éblouissante : des mètres et des mètres de volants de tulle pour la jupe, le haut de satin blanc couvre le cou, les bras. Des fleurs de lis en tissu me servent de coiffure.

Pour ma première communion, Maman m'avait fait faire une robe semblable dans ses ateliers, chez Vionnet : une jupe également toute en volants, montés en biais, et des petites roses roulottées en bandeau autour de la tête. J'avais dix ans et déjà je considérais que c'était là trop de frivolité, que l'essentiel était et devait être intérieur. Comme l'est notre amour.

Mais, puisque ma mère tient tant à me créer une robe de mariée, je ne veux pas lui faire de peine et j'accepte de porter son chef-d'œuvre... D'autant qu'il s'agissait, je l'ai su plus tard, d'une autre revanche : enceinte de moi, elle ne s'était pas mariée en blanc et l'on pouvait penser que si toute sa vie elle avait imaginé des robes, c'était pour en arriver à marier sa fille dans la toilette qu'elle-même n'avait pas eue et dont elle rêvait encore.

En ce grand jour de septembre, quand j'entre dans la petite église de l'Annonciation, je suis au bras de mon père, lequel s'est mis en habit pour la circonstance, et le chœur entonne la *Marche nuptiale*. Je baisse la tête sous mon voile, la gorge nouée, saisie par une émotion à laquelle je ne m'attendais pas. C'est que tout y concourt : jamais je ne me suis trouvée au bras de mon père jusque-là, nous nous voyons si peu, et la première fois qu'il m'escorte, c'est pour me donner à un autre homme. À celui qui m'attend là-bas, au bout de cette allée que je remonte à pas lents.

Jean-Jacques est immobile, en avant du prêtre et de l'autel, tourné vers moi, en grande tenue lui aussi dans son spencer blanc. La cérémonie se déroule comme dans un rêve, avec son rituel : les anneaux, le baiser, la sortie parmi les badauds, la limousine noire... Je vois à peine le public parmi lequel se trouve ma marraine, Madeleine Vionnet.

Maman a organisé la réception dans son petit hôtel particulier du haut de Chaillot. Peu de monde, selon notre souhait à Jean-Jacques et à moi : les parents, les intimes. Plus un monceau de fleurs blanches qui embaument.

L'heure du train approche, je monte pour la dernière fois dans ma chambre, celle où j'ai vécu jusqu'à ce jour, et je m'extirpe de toute cette blancheur qui tombe à mes pieds comme une corolle. En quittant cette robe, je sors de mon enfance et de mon adolescence, je laisse derrière moi tout cet amour familial, tout ce luxe, aussi, qui me paraissait naturel, car je ne connaissais rien d'autre. Une de mes valises est en peau blanche, j'ai une grosse bague de fiançailles au doigt, offerte par ma belle-famille.

Pour moi, ce ne sont là que broutilles, de ces riens qui font avant tout plaisir à ceux qui ne peuvent comprendre ce que je ressens, ce sentiment d'absolu qui me lie à un autre être et qui comble tous mes désirs. Puisque j'ai Jean-Jacques, je n'ai besoin de rien d'autre, il est l'essentiel.

Maman nous accompagne jusqu'à la gare de Lyon, où nous montons dans un wagon-lit du *Train Bleu*. Maman est radieuse : elle a marié sa fille à un polytechnicien et la robe, sa création, est aussi magnifique qu'elle pouvait le souhaiter, les félicitations sont unanimes, même de la part de Vionnet qui fut sa patronne.

Surtout, Jean-Jacques lui plaît, il est comme elle aime que soient les hommes : beau, gai, instruit, courtois et en admiration devant ce qu'elle fait. Plusieurs fois il est venu applaudir ses défilés dans sa maison de couture. Le gendre parfait.

Percevoir leur mutuelle entente me soulage : je m'éprouve toujours en dette vis-à-vis de ma mère qui a tant travaillé pour nous élever, ma sœur et moi, et ne s'est pas remariée. Maman n'a vécu que pour nous depuis son divorce, en compagnie de sa sœur avec laquelle elle se dispute trop souvent à mon gré. Aujourd'hui, il n'y a pas de conflits. C'est que j'ai horreur des scènes, des désaccords, des cris ; mon système nerveux ne le supporte pas.

Mais, avec Jean-Jacques, je n'ai rien à craindre. Depuis que je le fréquente quotidiennement, nous n'avons pas eu l'ombre d'un accroc... Je m'entends parfaitement avec lui. Il est vrai que je ne lui demande jamais rien, je marche dans sa trace, comme on dit en montagne. Non qu'il me considère comme son inférieure, c'est le contraire : je suis son égale absolue. Jean-Jacques ne fait pas de différence entre les hommes et les femmes. Il leur concède les mêmes droits, intellectuels, sociaux et aussi les mêmes devoirs face au sacrifice et à l'effort.

Le train démarre et, à partir de ce moment, je sais que lui et moi sommes ensemble pour toujours : notre grand voyage, celui de la vie, a commencé. Rien ne peut nous séparer, sauf la mort...

Qu'elle essaie !

En entrant dans la chambre qui nous a été réservée pour la journée et la nuit à l'hôtel de Noailles, sur la Cannebière – nous devons embarquer le lendemain pour Ajaccio –, c'est avec satisfaction que j'aperçois un vaste lit, ouvert sur de beaux draps bien blancs.

Un compartiment de wagon-lit, même luxueux, n'est pas accueillant pour un couple : impossible de tenir à deux sur la même couchette ! Et c'est dans cette vaste chambre, dont il suffit de fermer les persiennes pour y créer une pénombre propice, que je souhaite passer cette première journée de mon mariage dans les bras de Jean-Jacques.

Mais, à ma surprise, je découvre qu'il n'a pas du tout le même désir que moi ! Jean-Jacques a horreur d'être au lit lorsqu'il fait jour, et il a conçu de tout autres plans pour notre journée ! Il commence par commander un petit déjeuner, puis demande au maître d'hôtel qui nous l'apporte où se trouve le magasin de matériel de plongée le plus proche. Puis il m'informe, l'air excité, qu'il va me faire découvrir les bonheurs – que lui connaît déjà – de l'exploration sous-marine !

Comment résister à son enthousiasme, à son élan ? Il m'enjoint **de me** munir d'un maillot de bain – j'en ai plusieurs dans ma valise – et m'entraîne acheter des tubas, des masques, des palmes, tous accessoires que je n'avais jamais vus ni utilisés.

Sur le port, il se renseigne pour trouver un bateau à moteur qui puisse nous conduire au large du château d'If, juste en face du port de Marseille.

C'est du bateau que nous nous mettons à l'eau. En septembre, la Méditerranée est bonne, surtout comparée à la Manche ! Après m'avoir aidée à m'équiper du masque, du tuba, des palmes, Jean-Jacques me conseille de regarder sous moi...

Je baisse la tête et pénètre dans un autre monde ! L'eau est transparente et j'aperçois un clair paysage que je ne soupçonnais pas pour n'avoir jamais nagé qu'en surface : des rochers, des algues, toute une végétation aux couleurs merveilleuses qui se balance et flotte au gré d'invisibles courants, peuplée de poissons de toutes tailles...

De saisissement, je sors la tête hors de l'eau, arrache mon tuba et éclate de rire ! Jean-Jacques m'imite aussitôt, heureux de ma réaction.

J'en oublie mon désir de passer ma journée au lit avec mon nouveau mari. Non que ce plaisir sous-marin me suffise – j'aurais préféré celui du lit –, mais il m'éblouit assez pour que je sois reconnaissante à Jean-Jacques de me l'avoir procuré en ce premier jour de notre mariage.

Ce que je ne saisis pas encore, c'est que ce choix qu'il vient de m'imposer – le sport et l'exploration, plutôt que l'amour physique – est fondamentalement sa façon d'être. En toute occasion, il préfère l'effort à ce qu'il considère dans son for intérieur, et sans que nous en parlions, comme du laisser-aller, un abandon facile à la jouissance. Jean-Jacques refuse la facilité dans tous les domaines, et à la jouissance charnelle il préfère cette joie pure que donne le dépassement de soi.

Une part de moi est déçue – la part femelle, celle qui a envie d'être caressée, de rester au lit, éventuellement de s'occuper du foyer, des enfants... L'autre, la part virile, s'éveille et se prépare à l'aventure.

Cet homme que j'ai choisi, voulu, et qui n'a rien de meilleur à m'offrir que sa propre quête, hier, devant le prêtre et l'autel, j'ai juré de le suivre partout. J'entends me montrer fidèle à mon serment.

Et pourquoi me plaindrais-je ? Il vient de me faire découvrir avec tendresse un petit bout de ce qui est pour lui plus important que tout : la richesse inouïe et fragile du monde où nous sommes ensemble.

Drôles de petites photos que celles de notre voyage de noces ! Je suis juchée en amazone sur un âne si petit que mes pieds traînent par terre, il agite ses grandes oreilles et c'est Jean-Jacques qui me photographie. Je joue les élégantes – je ne sais faire autrement – dans mon tailleur gris perle, celui avec lequel je suis montée dans le *Train Bleu*, j'ai un foulard de soie sur la tête, les joues rondes, et je souris. Nous sommes en Corse dans le village de montagne d'Agathe Massimi. Cette forte et merveilleuse femme est à la fois la cuisinière de la famille Servan-Schreiber et la marraine de Jean-Jacques.

L'idée que nous allons faire un tour de Corse en voiture louée, en nous arrêtant quelques jours chez elle, à Sainte-Marie-Sicce, l'a mise en joie. Dans sa maison toute simple, elle nous a préparé sa meilleure chambre, la sienne. C'est le choix de Jean-Jacques (sa mère suggérait le palace de la Mamounia à Marrakech...) que ce lieu sauvage, parmi cette population restée noble, pour nos premiers jours ensemble, et je n'ai rien objecté : quand il a pris une décision et qu'il m'en informe, Jean-Jacques fronce les sourcils et j'ai aussitôt le sentiment que ce qu'il veut que nous fassions est capital, vital. Qu'il ne peut y avoir mieux.

Dès l'arrivée, je suis ravie de me trouver dans un village si reculé que la plupart des routes et chemins sont de terre ; un cirque de montagne nous entoure et on prend des ânes pour grimper par les sentiers. C'est sec, ensoleillé, très beau ; en dehors d'Agathe – qui connaît ses goûts culinaires, spartiates, et les respecte –, nous ne parlons avec personne. Je voulais être seule au monde avec Jean-Jacques, j'y suis.

Il fait encore chaud, en cette fin septembre, et soudain mon mari décrète qu'il nous faut la mer, pour nous baigner. Nous quittons l'étroit paradis d'Agathe – qui agite son mouchoir et pleure de nous voir partir – pour descendre sur la côte ouest de l'île, dans un petit hôtel du port de Propriano.

Dès le matin, nous errons sur les quais et un pêcheur accepte de nous emmener faire un tour en mer ; c'est de son bateau que nous plongeons dans une eau tiède. Quel que soit le lieu où l'on se trouve, c'est comme sur la plage de galets du pays de Caux : Jean-Jacques envisage aussitôt ce que l'on peut faire *de plus*. Aller plus loin, plus vite, en fait utiliser toutes les possibilités d'un lieu ou d'une situation. Il n'y a rien à lui opposer, c'est ainsi qu'il fonctionne.

Quel but poursuit-il, maintenant qu'il a réussi sa sortie de l'École polytechnique, quel impossible ? Je ne le lui demande pas, je n'ai qu'un souci, suffisamment lourd car je reste fatiguée : le suivre.

Jean-Jacques ne s'inquiète jamais de savoir si je le peux, puisqu'il le fait et puisque, d'une certaine manière, je suis *lui* – comme Catherine est Heathcliff dans *Les Hauts de Hurlevent* –, je le peux donc, moi aussi.

Je me souviens de Genève, un peu plus tard : il fait gris, pluvieux même, et soudain il décide de faire du ski nautique sur le lac. Convaincre un bateau de nous traîner, et cela en pleine ville, n'est pas une mince affaire, mais Jean-Jacques réussit tout ce qu'il entreprend. Tout de même, il y a une difficulté : je n'ai jamais fait de ski nautique. Lui s'est un peu entraîné aux États-Unis. Peu importe, il me fait mettre en maillot de bain, asseoir skis aux pieds sur le ponton. Évidemment, je coule une fois, deux fois, trois fois, je dois renoncer ; le conducteur du bateau aussi. Jean-Jacques est déçu. Moi, je le suis de ne pas être à la hauteur de ce qu'il attend de moi.

J'aurai toutes les occasions de lui prouver que ce qu'il veut, je le peux. Et même que je nous le dois.

Là, nous sommes sur l'étroit balcon de notre chambre, au premier étage de l'hôtel de Propriano, la nuit est tombée mais les gens ne sont pas couchés, ils rient, font du bruit sous notre fenêtre, parlent en corse... Jean-Jacques m'enlace, m'embrasse. J'ai le sentiment enivrant d'être dans l'irréel, à vivre l'un de ces romans que j'ai tant lus et tant aimés... Si cet enchantement pouvait se poursuivre indéfiniment, si nous pouvions rester là, tout les deux seuls parmi ces aimables inconnus qui ne nous demandent rien... Moi non plus, je ne demande rien à personne, seulement que cela continue, ma vie, encore un peu.

Nous sommes assis dans l'angle le plus reculé du petit restaurant russe qui fait le coin de la rue du Boccador. Pendant la préparation de son coucours de sortie de Polytechnique, quand Jean-Jacques décidait de s'accorder un peu d'air, c'est là qu'il me donnait rendez-vous pour un très court déjeuner.

Je n'avais jamais goûté de nourriture russe et il était heureux de m'initier aux œufs de saumon, aux blinis et... à l'eau minérale. Pour ce qui est de l'eau, c'était ma seule boisson depuis l'enfance, avec un peu de café, mais elle venait du robinet, pas d'une bouteille.

Comme avec la plongée sous-marine, le ski nautique, le ski de neige, la lecture des journaux, Jean-Jacques se plaît à élargir l'éventail de mes connaissances. En premier lieu, la politique et sa faune. Depuis notre retour à Paris, l'essentiel de nos dialogues roule sur la dégénérescence de la France, qui n'a pas préparé la guerre et, après la honte de la défaite, a sombré dans la collaboration. Maintenant, on voit ressortir sinon les mêmes hommes, du moins les mêmes abus dans la course à l'influence et au pouvoir.

Si j'ignore jusqu'aux noms des partis politiques, des membres actuels du gouvernement, comme des nouvelles personnalités qui surgissent et s'imposent, en revanche j'ai lu : les philosophes, les moralistes,

Nietzsche en premier lieu. Et je ne manque pas d'arguments ni de conviction pour juger le monde où nous vivons détestable. J'en viens même à penser que ma mère, comme tous les patrons d'entreprise, exploite ses ouvrières et que mon père, haut fonctionnaire, n'est qu'un bourgeois pétrifié.

La société entière est à revoir, repenser, reconstruire. Emportée par mon désir de me montrer aussi absolue que Jean-Jacques, il ne me vient pas à l'idée que nous profitons tous deux, à fond, de ce monde que nous condamnons. Pour commencer dans ce restaurant de qualité que nous avons les moyens de fréquenter, avec la robe griffée dans laquelle je me pavane et la voiture qui nous attend le long du trottoir !

Pris par nos chimères, tout ce luxe qui nous entoure nous paraît n'être qu'apparences, et nous n'aspirons qu'à nous en passer. Alors que, blottis l'un contre l'autre, à boire à petites lampées nos verres d'eau, nous sommes comme deux oisillons qui s'agitent et sautent sur place en tentant de prendre leur envol...

– C'est simple, me dit impérieusement Jean-Jacques, il faut quitter la France. Aller vers des pays en plein essor. Ici tout est vétuste, et la débâcle continue : les uns sont dans la reddition, les autres dans la mise au pas de ceux qu'ils exploitent.

Dans le fond obscur du restaurant dont chaque table est éclairée par une bougie piquée sur un bougeoir d'argent, je vois surgir des paysages ensoleillés, comme cette Corse que je viens de découvrir, des populations souriantes qui nous accueilleraient à bras ouverts, ainsi que l'a fait Agathe... En fait, je fais un rêve : continuer indéfiniment notre voyage de noces dans un univers sans contraintes, sans laideurs et sans haine...

– Oui, tu as raison. Partons !

Quel bonheur ce serait d'échapper... à quoi ? Mais à la famille ! Elle nous nourrit mais, en échange, se nourrit de nous : nous faisons partie de ses biens propres et elle nous voudrait conformes à ses souhaits et à ses espoirs. Or, quand j'ose exprimer mes réactions, mes révoltes, mes refus, ils font souffrir ma mère et tous les miens... Loin d'eux, nous serons plus libres d'être nous-mêmes. Nous ne devrons rien à personne... À ce que je crois.

Jean-Jacques ne se perd pas comme moi dans une rêverie paradisiaque : ce qu'il désire, c'est un terrain d'action plus vaste que celui qui lui est offert à l'ombre de son père et de son oncle. Lesquels l'abreuvent de conseils et de suggestions pour mieux le protéger... Quant à sa mère, elle continue d'être aux petits soins, elle l'a nourri comme à la becquée pendant qu'il préparait son concours, et maintenant que, mariés, nous habitons encore chez eux, cela continue : elle prévoit le moindre de ses désirs, qu'il restreint exprès. Non, il n'a pas besoin de ci ni de ça... Quitte à la peiner.

D'ailleurs le perpétuel souci ménager qui, depuis le retour à la vie « normale », semble obséder nos proches, nous irrite. Nous décidons que nous n'aurons jamais d'appartement à nous, aucun meuble... « Seulement des coussins », dis-je.

« Mais avec quand même une table et une chaise pour travailler », objecte Jean-Jacques.

Le monde entier, pour lui, est une sorte d'établi sur lequel il entend forger ses idées. Bien plus tard, il me dira : « Si j'ai fait *L'Express*, c'était pour me donner un moyen d'action, un outil... Je ne me suis jamais intéressé aux journaux ni au journalisme... »

Pris en tenailles entre nos deux familles tellement attentives, encore sans métier et sans possibilité d'agir, nous commençons à étouffer. Partir, oui, il est temps – mais pour où ?

Jean-Jacques et son père discutent ensemble dans un coin du salon de ses parents. Mon jeune mari est en civil ; il lui a fallu quelque temps pour trouver la coupe et le tissu qui lui conviennent. Comme il n'est pas très grand, la fantaisie, celle d'un prince de Galles, de rayures ou de carreaux, ne lui sied pas. Il est plus à son avantage en uni, et bientôt il adopte le bleu marine, qui doit lui rappeler son uniforme d'aviateur.

J'étais dans la rue quand je le vois venir de loin dans le costume tout neuf et fort voyant qu'il s'est fait faire et qu'il porte pour la première fois. « Comment me trouves-tu ? » me demande-t-il avec un grand sourire. « Mais très bien ! » dis-je sans en penser un mot. Qu'est devenu mon « héros », le lieutenant d'aviation sur lequel se retournaient les autres filles ?

Peu à peu, il trouve un tailleur sachant tirer parti de ses épaules larges et de sa sveltesse ; une chemise bleu très pâle fait écho à la couleur de ses yeux. À la maison, en vacances, pour courir, faire du sport, il adopte le blanc, avec une touche de bleu pâle. Californien, comme style. On le comparera d'ailleurs à un acteur d'Hollywood dont il a le sourire éclatant, la démarche large, la désinvolture. Quelque chose de Paul Newman ou de John Kennedy...

Les yeux de son père aussi sont bleus. Pour le reste, quelle différence ! Émile est rond de visage et de corps, et, d'après ses photos de jeunesse, l'a toujours été. Il a les bras et jambes plutôt courts, le nez important. Et si ses yeux, qu'il a légués à son fils comme à l'une de ses filles, sont bleus, ils sont autrement enchâssés. Quant à Denise, sa mère, c'est une vraie brune aux yeux noirs, au teint mat. Un gène qu'elle ne transmet à aucun de ses premiers enfants : seul son dernier fils, Jean-Louis, a repris ses couleurs et son teint.

Dès mon introduction à Paris dans la famille de Jean-Jacques – à Megève, je ne les fréquentais guère –, je suis subjuguée par le dynamisme qu'ils ont en commun : tous parlent fort, avec une assurance déconcertante pour ceux de l'extérieur. On les dirait montés sur ressorts et chacun donne le sentiment que sa personne, ses occupations, ses études sont ce qu'il y a de plus important au monde ! En revanche, pour le physique, ils ne se ressemblent pas... Reste que tous cherchent à s'affirmer face à leur aîné qui a sur eux une supériorité éclatante, laquelle ne se démentira jamais : il est le préféré, le chéri de leur mère, le parangon, l'inimitable...

Quand il ouvre la bouche, si Denise ne dit pas à ses autres enfants de se taire, elle fronce les sourcils pour le leur enjoindre.

Son père aussi semble sous l'emprise de la parole de son fils. Aujourd'hui, sans vraiment écouter, j'entends la musique de leur dialogue. Émile fait un petit discours en reprenant parfois sa respiration. Je devine qu'il expose et pèse le pour et le contre... Jean-Jacques, de temps à autre, pose une question, puis tranche d'une phrase brève, définitive. Soudain, ils éclatent de rire. Jean-Jacques rit rarement, mais quand c'est le cas, c'est aux éclats et cela me détend. À la longue, je me rends compte que ce qui déclenche le plus ses fous rires, c'est la raillerie à l'encontre de quelqu'un, souvent un proche...

Dans ma famille, on ne se moque jamais de personne. S'il arrive qu'on condamne, alors c'est pour rejeter – ma grand-mère excluait sans nuances l'époux dont elle s'était séparée –, sinon l'on admire tout le monde. Maman trouvait presque tous les gens beaux, charmants, gentils... C'est pourquoi l'attitude si fréquemment critique des Servan-Schreiber à l'égard de leur entourage m'est apparue surprenante et à la limite mal élevée. *Nothing personnal*, m'avait appris ma miss anglaise. Jean-Jacques, c'est le couperet ; si quelqu'un s'oppose à lui ou lui déplaît, il ne manque pas d'asséner sans autre forme de procès : « Il est nul. » Ce qui m'a longtemps inquiétée : pourvu que je ne devienne jamais nulle à ses yeux !...

Puis, je devine à leur ton que les deux hommes se sont mis d'accord. Jean-Jacques se renverse sur le dossier de sa chaise tandis que son père sort des fiches et un crayon pour y noter ce qui est sans doute des adresses, et il lui tend le papier. « Merci, dit Jean-Jacques après l'avoir relu ; je m'en occupe. »

Il se lève, vient vers moi qui suis restée à l'écart, m'embrasse. Dès qu'il me retrouve il m'embrasse, cela signifie aussi bien : « Bonjour » que « Pardon de t'avoir fait attendre », « Me voici », et surtout : « Suis-moi ! »

Je salue mon beau-père que je vouvoierai toujours, et nous voici dans la rue.

« Le Brésil, me dit Jean-Jacques.
– Quoi ?

– C'est décidé, nous partons pour le Brésil. Mon père m'a donné des noms, des recommandations, il y connaît du monde depuis l'avant-guerre, des gens qui nous aideront... Et il a le moyen d'y faire transférer de l'argent par sa banque. »

La géographie a toujours été ma partie faible, alors que j'étais excellente en histoire, et je ne sais pas bien où se situe le Brésil. Jean-Jacques s'arrête dans une librairie, demande un atlas, l'ouvre à la page de l'Amérique latine et me montre sur la carte une tache verte qui a l'air d'une poire queue en bas...

« C'est là, sur l'océan Atlantique, au nord de l'hémisphère sud, ce qui signifie qu'il y fait tout le temps bon ; tu verras, la végétation y est tropicale. Il y a là-bas la plus belle baie du monde, celle de Rio de Janeiro. C'est là que nous allons.

– On part quand ?

– D'ici trois semaines... »

Depuis que nous sommes rentrés de Corse, nous vivons à l'hôtel et je m'y sens désorientée, à l'étroit dans une seule chambre. De plus, le concierge m'impressionne et je passe devant cet homme grand et galonné les yeux baissés : est-ce que je me conduis « bien », c'est-à-dire comme on l'attend de moi ? Je ne connais pas les codes de la vie d'hôtel, une sorte de timidité m'étreint : la peur de mal faire. Alors que mes belles-sœurs me semblent partout si à leur aise... Autre éducation ?

En fait, depuis qu'elles sont toutes petites, elles ont été soutenues et encouragées par leur famille. Ce qui n'est pas mon cas ; au contraire, on n'a pas cessé de me contraindre ou de me réprimer. Heureusement, Jean-Jacques ne me fait aucune observation, aucun reproche, il continue de me prendre telle que je suis et je m'efforce, quand j'en éprouve, de lui cacher mon embarras.

Tandis qu'il s'active dans les bureaux et les ambassades pour nous procurer passeports et visas, je cherche refuge dans le studio de ma mère, avenue George-V. Je m'absorbe dans le manège familier de ses mains qui vont et viennent sur le corps immobile des mannequins, disposant des lés de tissu, coupant, épinglant, l'air anxieux... On dirait qu'elle se demande si elle parviendra un jour à se satisfaire de sa création, c'est-à-dire de la réalité !

Pour moi, je n'ai d'autre réalité que Jean-Jacques, et du moment que je suis avec lui, que ce soit ici ou ailleurs m'est indifférent.

Tout de même, je suis contente de partir aussi loin : ainsi, il sera tout à moi. Rien qu'à moi. Pourvu que je me révèle à la hauteur ! Je n'ai jamais voyagé hors de France, jamais pris l'avion. Bah, il me tiendra la main...

De grands oiseaux de toutes les couleurs volettent et jacassent au sommet d'arceaux fleuris qui mènent de l'avion à l'embarcadère... L'aéroport de Rio de Janeiro est sur une île et il faut un petit bateau pour rejoindre la terre et les bureaux de la douane. Des haut-parleurs diffusent l'air exotique qui nous suit depuis Paris : *Brasil, Brasil...*

C'est l'ambiance dont j'avais rêvé : musique, fleurs, tiédeur de l'air, amabilité de ceux qui nous accueillent et nous guident... Jean-Jacques, lui, ne s'en soucie pas : il se préoccupe de nos bagages (récupérer nos malles se révélera toute une affaire, jusqu'à ce qu'il comprenne qu'ici il faut payer même pour un service qu'on croit dû...).

Une première escale à Dakar n'a pu me renseigner sur l'Afrique : nous n'avons pas quitté les salles d'attente de l'aéroport. Mais, à Recife – la seconde étape –, on nous a servi du jus d'ananas frais d'une saveur si exquise que j'ai compris que nous nous trouvions sur un autre continent... Maintenant, prise dès la sortie de l'avion par la senteur puissante des plantes tropicales, je sens que le véritable enchantement commence.

Nous sommes si vite passés d'un monde à l'autre ! Et quel contraste de climat : la chaleur humide nous baigne et nous surprend, surtout moi qui ai vécu plusieurs années à Megève, dans le froid sec de l'altitude.

Notre chambre est située au douzième étage de l'hôtel *Vogue*, sur l'avenida Princeza Izabel, et surplombe la célèbre plage aux vagues écumeuses. « L'adresse compte, nous a dit Émile en faisant pour nous la réservation à travers ses relations brésiliennes. Et Jean-Jacques doit pouvoir impressionner s'il veut trouver une situation à sa mesure. »

Car même si nous sommes partis par Air France et sur une trajectoire balisée, nous allons à l'aventure. Jean-Jacques n'a que vingt-trois ans, c'est presque tard : quand son père a quitté sa famille, au début du siècle, pour l'Argentine et son premier et modeste métier de représentant, il en avait à peine dix-sept !

Toutefois, même s'il ne travaille pas encore, Jean-Jacques n'a pas perdu son temps : il est sorti de la célèbre école Polytechnique et il doit y avoir des possibilités de faire carrière, déjà comme ingénieur, dans un pays en plein développement comme l'est le Brésil que la guerre a laissé indemne. Il est aussi pilote, entraîné à des vols difficiles et même périlleux sur des avions de chasse.

Pour tirer profit de son expérience, il va voir la société Chausson, laquelle s'est lancée dans la fabrication de petits appareils légers, dans l'espoir de concurrencer les Américains qui, avec le Bonanza, monopolisent le marché en Amérique du Sud.

« Confiez-moi l'un de vos appareils, leur a dit Jean-Jacques après avoir essayé un prototype au-dessus du champ d'aviation de Toussus-le-Noble. J'en ferai la démonstration au Brésil où vous n'êtes pas présents ;

je vous ferai connaître et je suis sûr que je pourrai vous en vendre... »

Est-ce sa jeunesse, sa détermination, la réputation de sérieux de son père et de son oncle, propriétaires du journal *Les Échos* ? Aussi son brevet de pilote américain ? La société a accepté le pari et l'investissement qu'il comporte. Nous emportons donc un *Courlis* dans les bagages qui nous suivent par bateau. Ce qui amuse fort Jean-Jacques : pour lui, ce minuscule appareil n'est qu'une sorte de jouet...

Qu'a pensé ma famille de me voir partir si loin ? Maman, dont c'est la façon de me manifester son amour, m'a aussitôt confectionné des robes nouvelles pour l'été ; j'emporte aussi dans une grande malle en osier d'étranges toilettes, corsetées et à la jupe entravée, que m'a confiées Jacques Fath, le brillant jeune couturier de l'après-guerre que je connaissais, avant même de rencontrer Jean-Jacques, par la famille de Christine Laroche, ma plus proche amie.

Nos malles enfin arrivées, j'étale ces merveilles originales dans ma chambre d'hôtel pour les présenter à quelques Brésiliennes de la haute société dont nous avons fait la connaissance. Mais je manque tellement d'assurance que c'est le fiasco : je me découvre incapable de vendre quoi que ce soit à qui que ce soit. Fath, en prince de l'élégance qu'il est, ne m'en voudra pas... Mais, pour ce qui est de la couture, il est évident que **je ne saurai jamais que la porter** !

À peine sommes-nous installés à l'hôtel *Vogue* que Jean-Jacques s'est rué sur le téléphone pour prendre contact avec des directeurs de journaux et d'éminents journalistes brésiliens avertis par son père de notre arrivée. Il va les voir sans moi et je l'attends dans notre chambre, me penchant par la fenêtre haut située tant j'ai hâte de le voir revenir, n'osant pas m'aventurer seule dans une ville inconnue dont je ne parle pas la langue. (Il a pris l'habitude de lever la tête, il sait que je le guette, et de me faire un signe : il arrive...)

C'est ensemble que nous rencontrons quelques mondains qui nous invitent au très fermé Cercle hippique où je retrouve des clientes d'avant-guerre de ma mère. J'arbore mes toilettes à la dernière mode de Paris avec chapeaux, et les jours passent facilement. J'apprends un peu le portugais, je contemple la baie de Rio, j'arpente au bras de Jean-Jacques les mosaïques noires et blanches des trottoirs de Copacabana. Voiturés par de nouvelles connaissances qui nous prennent en amitié, nous montons au sommet du Corcovado, passons un week-end à Petropolis, la station d'été des Cariocas fortunés.

Nous sommes tellement jeunes, mais nous n'en avons pas conscience. Jean-Jacques s'exprime avec autorité ; moi, le plus souvent gantée, je fais montre de mes meilleures manières. Ce qui touche sans doute ceux que nous fréquentons : ils nous regardent avec amusement et, en quelque sorte, nous choient.

Notre chambre est meublée d'une façon ahurissante, comme toutes celles de l'hôtel *Vogue* qui se pique d'arborer une décoration hors du commun. Dans l'une de ses suites se trouve une chaise à porteur, dans une autre un chevalier en armure sur un cheval de carton-pâte... Tout dans la nôtre est entièrement XVIIIe siècle : miroirs, commodes et baldaquin.

À peine y avons-nous pénétré que Jean-Jacques se retourne vers le garçon d'étage, demande une « table pour écrire », puis « une lampe pour éclairer la table ». Le matin tôt, il écrit à la main sur ses blocs quadrillés. Ce qui étonne le personnel lorsqu'ils apportent le petit déjeuner : ils s'attendent à nous trouver au lit – ne sommes-nous pas, cela se voit, un jeune couple tout juste marié et très amoureux ?

En fait, Jean-Jacques s'est vite trouvé un premier travail, mais pas d'ingénieur, de journaliste : on lui a proposé de rédiger des articles dans le quotidien carioque, le *Correio da Manha* (plus tard, il écrira aussi pour le journal de São Paulo, la *Folha da Manha*). Il rédige en français, on le transcrit en portugais. C'est la première fois que sa prose paraît dans un journal et, tout fier, il envoie ses premiers articles signés de son nom à ses parents. À eux de se les faire traduire !

Pour moi qui n'ai rien sollicité – je ne demande ni n'attends jamais rien –, on me propose d'écrire pour *Rio*, une revue chic, style *Vogue*. Je rédige quelques chroniques sur la petite machine à écrire portative qui ne nous quitte pas et dont je suis seule à me servir

(Jean-Jacques ne tape pas et ne tapera jamais). Moi aussi, je suis fière d'être publiée pour la première fois, et si je ne parle pas politique, je raconte Saint-Germain-des-Prés, Dior et le *new-look*, Gréco et le *Tabou*... Amusettes, me semble-t-il, même si Jean-Jacques approuve après avoir relu, changé un mot – en somme, débuté à mon propos son futur métier de rédacteur en chef, auquel il ne songe pas encore.

Mais, un matin, le petit univers de sécurité et aussi de plaisirs que nous sommes en train de nous constituer s'écroule.

Avec l'été, la chaleur se révèle accablante, rendue plus insupportable encore par le souffle humide en provenance de la baie. Point d'air conditionné à l'époque... Certains jours, assise à une terrasse devant notre hôtel, je me sens incapable de traverser la rue ; je ne suis plus que lourdeur et déliquescence...

Ce matin-là, Jean-Jacques se réveille avec un terrible mal de tête, plus de quarante degrés de fièvre. En même temps il grelotte et demande que j'amoncelle sur lui des couvertures. Je voudrais l'aider mieux : « Que puis-je faire ? – Viens près de moi... », me dit-il en claquant des dents. Je m'allonge contre son corps sous ces mêmes couvertures ; tout le lit est trempé jusqu'au matelas par sa sueur à laquelle je mêle bientôt la mienne.

Qu'a-t-il ? Va-t-il mourir ? Par des amis auxquels je finis par téléphoner, j'obtiens le nom d'un médecin brésilien parlant français. Il accourt, souriant, examine Jean-Jacques pour conclure qu'il ne voit pas de quoi il s'agit (a posteriori, nous diagnostiquerons une paratyphoïde, alors endémique à Rio, communiquée par l'eau du robinet). À toutes fins utiles, le médecin ordonne des piqûres de pénicilline – un médicament en usage depuis peu. C'est moi qui suis chargée de les lui faire toutes les trois heures. Le flacon doit rester dans le réfrigérateur des cuisines de l'hôtel, au sous-sol, où je vais le chercher jour et nuit par l'ascenseur.

L'aspect mal entretenu de ces lieux réservés aux employés fait un contraste flagrant avec le luxe excessif des étages supérieurs. Une angoisse me prend : je devine que cette disparité est celle de la société brésilienne tout entière. Jusque-là, nous n'avons eu affaire qu'à ses beaux quartiers. À côté, en dessous, il y a la misère... et aussi la mort.

Je ne suis guère calée ni en piqûres ni en soins, mais je m'y mets. Par moments, j'ai peur. Si rien n'arrive à enrayer son mal, Jean-Jacques peut se mettre à délirer, son cœur s'arrêtera, il cessera de respirer... Imaginer son corps froid et immobile dans ce décor dont la luxueuse fantaisie me devient haïssable m'est intolérable.

Pour me calmer, je me dis que cela n'est pas grave : s'il meurt, je sauterai par la fenêtre ; du douzième étage, je ne peux pas me rater. La vie sans lui n'est plus la vie, je la refuse.

Au bout de quatre jours, sans que je l'aie quitté, sauf pour aller chercher la pénicilline, la fièvre tombe. Il est guéri, mais il est maigre comme un clou, très faible, incapable de sortir du lit, d'autant que la chaleur de l'été brésilien continue d'être épuisante.

Et si le mal le reprenait ? Jusque-là, Jean-Jacques me paraissait invulnérable ; jamais il ne se plaignait de rien et aucun effort physique ne pouvait le rebuter – j'en avais fait les frais...

Or, pendant sa maladie, j'ai eu l'impression de me retrouver face à un enfant. Il me réclamait tout : à boire, une serviette humide, de l'éventer, un autre pyjama, son stylo, des câlins...

Insensiblement, nos rapports changent. J'apprends à le protéger – à travers les années et les circonstances, je n'y renoncerai jamais... Lorsqu'il aura recouvré toutes ses forces, acquis du pouvoir, et même de la puissance, que nous nous serons éloignés, pour moi il y aura toujours en lui un petit enfant, mon « pauvre petit » que j'ai eu si peur de perdre sur un continent inconnu...

On dit que c'est l'enfant qui fait la mère – il arrive aussi à l'homme malade de transformer son épouse en infirmière. Elle risque fort de le rester : soigner, chez nous, est un instinct aussi atavique que materner... si l'on n'y prend garde !

Jean-Jacques hors d'affaire et à peu près sur pied, j'en étais à me demander ce qu'il nous fallait faire pour que, convalescent, il retrouve tout son allant, sa pleine santé. Rentrer en France ? Bredouilles, alors, dans l'échec ? Quand survient une proposition totalement inattendue. Miraculeuse, aussi...

Un homme d'affaires français, dont nous apprendrons plus tard – vérité ? rumeur ? – qu'il avait dû collaborer avec les Allemands et que c'était sans doute la raison pour laquelle il se retrouvait au Brésil (il n'était pas le seul dans son cas !), aborde Jean-Jacques dans le hall de l'hôtel. Il prétend avoir autrefois rencontré son père. Ce n'est pas sûr, mais sans doute est-il attiré par son nom dont il doit connaître l'importance en France, et peut-être en escompte-t-il, s'il aide son fils, quelque appui futur.

Après s'être introduit, il nous invite à déjeuner et se présente : il a des sociétés et des biens au Brésil, dont une sorte de petite – ou de grande – « folie » ! Un hôtel isolé, surtout destiné aux vacances d'été, le *Rancho Alegre*, situé en pleine montagne, à Campos do Jordão, minuscule bourgade entre Rio et São Paulo, à dix-huit cents mètres d'altitude.

Puis il va droit au fait : est-ce que Jean-Jacques accepterait d'en devenir le directeur, le précédent venant d'être flanqué à la porte pour incompétence ?

C'est si incongru – Jean-Jacques directeur d'hôtel, et moi avec ! – que mon mari demande à réfléchir. P. lui fait miroiter deux avantages : la rémunération et aussi, surtout, le climat ; on y envoie les tuberculeux et les convalescents comme lui s'y remettent en un rien de temps.

Deux jours plus tard, nous sommes dans le bar de l'hôtel Copacabana, le lieu où se concluent toutes les transactions. À une table voisine, des Français parlent cinéma avec des Brésiliens. Jean-Jacques, lui, s'entretient d'hôtellerie avec cet homme un peu rond, à l'accent parigot, qui ne me dit rien qui vaille. Je ne sais comment ni exactement sur quelles bases cela se fait – Jean-Jacques n'ayant jamais « managé » un hôtel ! – mais le marché est conclu. Pour le sceller, nous buvons nos jus d'orange, et P. son whisky.

Il fait de plus en plus chaud.

C'est sans regret que je quitte l'hôtel *Vogue* et son faste – qui me rappellent trop mes angoisses de garde-malade – en compagnie de Jean-Jacques et avec tous nos bagages. Et c'est par un petit train assez lent que nous entreprenons la montée vers Campos do Jordão et l'hôtel *Rancho Alegre*.

Jean-Jacques va déjà mieux, ce qui fait qu'il est incapable de se tenir tranquillement à sa place dans un compartiment où sont assis des Brésiliens qui nous dévisagent comme les étrangers que nous sommes. À un arrêt, il trouve le moyen de me faire grimper sur l'un des wagons de tête du train, une sorte de plate-forme à ciel ouvert.

Au fur et à mesure que le train se hisse – je ne me rappelle pas s'il était à crémaillère –, la montagne s'élève, des pics aigus se profilent, ce qui me rappelle l'éblouissement de ma première arrivée à Megève – mais sans la neige !

Jean-Jacques est content de « monter » : que ce soit à pied, en avion, en téléphérique, la sensation d'aller plus haut l'exalte toujours. Bientôt il me demande de chanter pour lui ! Nous sommes accroupis dans une encoignure de la plate-forme, serrés l'un contre l'autre – il commence à faire plus frais – et me voilà, moi qui ne chante guère, me remémorant pour lui l'air et les paroles de quelques comptines et vieilles chansons françaises.

Me reviennent aussi les premières mesures de certains refrains d'Édith Piaf, de Charles Trenet... « Encore ! » me dit Jean-Jacques quand je m'arrête. Avec ces airs dont je le berce, c'est la France qui semble nous accompagner vers l'inconnu...

C'est un moment de grâce hors du temps, hors de l'espace, hors tout – ceux dont on se souvient comme de diamants enchâssés pour l'éternité dans le cours par ailleurs si variable de l'existence.

À la descente du train, une sorte de camionnette à grosses roues vient nous chercher pour nous emmener là où les voies ferrées n'accèdent pas.

Tout de suite la sauvagerie de la région me transporte – plus encore que la baie de Rio, trop sophistiquée à mon goût : ici les arums et les orchidées poussent en pleine nature, les araucarias sont géants dans un cirque de collines inhabitées qui se succèdent à perte de vue. Quand je demande le nom de la plus proche, on me répond d'un air étonné : « Mais il n'y en a pas ! »

L'hôtel est un très vaste bâtiment à un étage – il y a tant d'espace que les constructions peuvent s'étendre autant qu'on veut. Celle-ci a plusieurs ailes, des dépendances, un immense restaurant, des salles de jeu, un bar et, à l'écart, une petite cabane ronde, toute en bois, baptisée la « Maison du poète ». On y organise des veillées où l'on joue de la guitare, chante, récite des poèmes, boit du rhum... Et que d'étoiles au ciel lorsqu'on en sort !

Il y a aussi des écuries. On monte sans cesse à cheval, le meilleur moyen de locomotion avec l'avion de tourisme. Sur un terrain plat en bas de l'hôtel, on a aménagé une vaste carrière avec obstacles, où, à temps réguliers, se déroulent des concours hippiques qui attirent une foule d'amateurs. Le reste du temps, l'on s'enfonce à cheval dans la forêt tropicale par des pistes à peine tracées... Jean-Jacques, requis par ses nouvelles fonctions, ne s'en accorde pas le temps mais me fait accompagner par les garçons d'écurie.

C'est de toute son ardeur revenue qu'il s'attaque à la comptabilité, tâche qui va se révéler difficile même pour un polytechnicien : le chef cuisinier, un Allemand rose et bouffi, est un voleur de première et rouspète devant toutes ses tentatives d'ingérence.

Autre motif de discorde : pour raison d'économies (il est là pour ça...) et aussi parce que trop manger lui paraît aberrant, Jean-Jacques lui ordonne de réduire l'interminable liste des plats proposés à chaque repas : une farandole de hors-d'œuvre à base de charcuterie, plusieurs viandes, une multitude de desserts, sans compter la rituelle *feijoada* aux haricots noirs...

Une telle demande fait aussitôt offense à l'honneur du chef cuisinier qui manque défaillir et déclare qu'il va provoquer Jean-Jacques en duel... En cuisine, il fait tournoyer sa broche, ce qui ne me fait pas du tout rire... Il faut qu'à l'occasion d'un de ses passages, P., qui vient brièvement vérifier si tout se passe bien sur ses terres, rétablisse la paix entre les adversaires français et allemands en imposant l'adoption d'une mesure moyenne : un menu un peu restreint, mais pas trop...

Moi, je n'ai qu'à me promener, cueillir des fleurs, monter sur de braves bêtes qui connaissent tous les chemins par cœur, qui m'emmènent et me ramènent... Je me suis liée d'amitié avec un Français exilé, le jeune et blond barman. En sa compagnie, pour me distraire, je sers parfois au bar. J'apprends à fabriquer quelques cocktails, et cela m'amuse d'être aux ordres de cette riche clientèle qu'il s'agit de satisfaire... Une expérience – celle que connaît ma mère ? – que je n'avais pas !

Je continue aussi, avec le personnel, mon apprentissage de la langue brésilienne, un portugais plus doux et chantant... J'écris à Paris pour raconter le pays, son indescriptible beauté et notre drôle de vie d'hôteliers – qui me convient mieux, tout compte fait, que de jouer les mondaines dans les salons de Rio. À la lecture de mes lettres, mon beau-père me répond : « Vous êtes un écrivain. »

Pour moi, je ne vois qu'une chose : Jean-Jacques reprend du poids et retrouve son énergie.

Un coup de fil nous arrache à notre quiétude : le mécanicien, Cacheux, nous apprend qu'il a terminé le montage du petit avion acheminé par bateau avec le gros de nos bagages. Sorti de ses caisses sur le champ d'aviation d'une bourgade perdue dans le sertão, Pindamonhangaba, le *Courlis*, nous attend.

Il n'y a plus qu'à y aller.

C'est avec excitation (pour Jean-Jacques) et appréhension (pour moi) que nous descendons de notre refuge pour nous retrouver en plaine, dans la chaleur lourde et odorante, face à une piste déserte où l'herbe fait plus d'un mètre de haut.

Le *Courlis*, un petit appareil jaune à double queue, dont le moteur est à l'arrière, nous fait face dans une sorte de hangar en tôle où l'on étouffe.

Pour l'essayer – c'est de cela qu'il s'agit –, il est indispensable que ce qui tient lieu de piste soit fauché ras. Au mécanicien, énervé et pressé de retourner en

France, Jean-Jacques déclare qu'il reviendra quand ce sera fait ; il lui accorde un délai d'une semaine au plus. Que Cacheux se débrouille également pour faire livrer de l'essence en barils.

Au bout de quelques jours, nouveau coup de fil du mécanicien : la piste a été rasée, le plein est fait, tout est en place pour le premier décollage.

Nous retournons à Pindamonhangaba. Là se place un épisode qui a fait histoire – comme ma quasi-noyade – entre Jean-Jacques et moi !

Le moteur du *Courlis*, sorti de son hangar, tourne régulièrement, tout semble fonctionner comme il convient, et Jean-Jacques lance à Cacheux : « Allons-y, montez ! On va l'essayer ! »

« Pas question, répond Cacheux en reculant de quelques pas ; je suis payé pour assembler et vérifier l'avion au sol, pas pour l'essayer en vol. C'est un autre métier ! »

Manifestement, il a peur.

Jean-Jacques semble désemparé ; il me dira plus tard : « Son refus ne m'a pas paru de bon augure. Il n'avait donc pas confiance dans l'appareil qu'il avait lui-même monté... »

C'est alors que je lance à Jean-Jacques : « Moi, je vais avec toi ! » Il accepte aussitôt.

Pendant qu'avec Cacheux il se livre aux toutes dernières vérifications et que le mécanicien lui rappelle le maniement particulier des commandes, je contemple l'herbe restée haute sur les bords de la piste. Je la vois et la respire encore – elle exhalait une odeur forte, épicée... En fait, moi non plus je ne suis pas rassurée ; j'ai perçu la trouille du mécanicien, et l'hésitation de Jean-Jacques à se lancer dans l'aventure. Mais comment pourrait-il reculer : trop de frais sont engagés, il y va de sa réputation de pilote, aussi de son honneur...

Je ne peux non plus me dédire. Je fixe intensément cette portion d'herbe qui me devient hostile, étrangère. Je me dis qu'elle va continuer sa tranquille existence, et qui sait si moi la mienne ?... En fait, je lui dis adieu comme on dit adieu à la terre lorsqu'on pense qu'on va mourir.

Le moment du départ est venu, Cacheux descend de l'appareil et je me hisse à sa place, à côté de mon époux. Nous bouclons nos ceintures. L'avion doit atteindre au sol la vitesse de 120 kilomètres à l'heure pour pouvoir décoller. Y parviendra-t-il sur cette piste encore herbeuse et cahotante ?

En bout de terrain, de grands arbres, du genre peupliers, forment barrière. Cacheux nous dira plus tard que, resté seul en bout de piste, il s'était mis à trembler, convaincu que nous allions nous écraser sous ses yeux. Il avait fait de son mieux, mais l'appareil ne lui paraissait pas sûr... Sans compter les impondérables : un oiseau dans le pare-brise, un pneu qui crève, une saute de vent...

Jean-Jacques ne dit mot, lève la main pour signifier au mécanicien qu'il est prêt, puis se concentre sur ses cadrans, fait vrombir le moteur au maximum de ses capacités, lâche le frein. L'avion se met à rouler doucement, puis de plus en plus vite, les arbres se rapprochent, je pourrais compter leurs feuilles...

Au dernier instant, les roues quittent le sol, on ne se sent plus secoué et nous passons au ras des cimes.

C'est d'un même mouvement que nous tournons la tête l'un vers l'autre : nous avons réussi, nous sommes vivants ! Jamais encore nous ne nous étions sentis si proches, comme soudés.

Par la suite, Jean-Jacques a souvent évoqué ce qu'il appelle mon « courage ». Pour moi, cela n'en était pas : c'était voir l'homme de ma vie, en somme « ma vie », tenter de s'envoler sans moi dans cet appareil dont nous doutions – tout autant que le mécanicien –, qui m'aurait demandé du courage. Plus que je ne pouvais en fournir : à peine le petit avion jaune aurait-il commencé à rouler que je serais tombée inanimée sur l'herbe, morte d'avance, incapable d'assister à la suite.

Ma seule chance de survivre était de rester auprès de lui à partager son sort, quel qu'il fût.

« *Je regarde Madeleine,* écrit Jean-Jacques dans *Passions ; elle me regarde. Nous savons désormais que nous n'aurons jamais peur ensemble. La vie nous éloignera quelque temps, mais en douceur (grâce à Madeleine), et le sentiment de fraternité profonde ne disparaîtra jamais.* »

Est-ce ce qu'il attend principalement d'une femme : la solidarité en toutes circonstances ? En relisant *Alors raconte,* le livre de mémoires de son père Émile Servan-Schreiber, dans le chapitre pudique qu'il consacre à son histoire d'amour de toute une vie avec Denise Brésard, sa femme, Émile déclare : « *Elle a été ma plus belle et ma plus grande aventure* », et il rend hommage à celle qui l'aura accompagné partout dans le monde, aussi bien dans le danger et les épreuves.

Du père au fils, même attente d'un même soutien de la part de celle qu'ils ont choisie pour épouse ?

Reste que Denise a pu donner cinq enfants à son mari. Entre Jean-Jacques et moi, ce fut, c'est une autre histoire...

Par la suite, nous fîmes une dizaine de vols plus ou moins risqués avec atterrissage à Rio, à São Paulo, à Belem do Para. Je lisais la carte et je photographiais ce que je pouvais apercevoir de la terre entre les nuages, afin de tromper ma peur.

Il lui arriva d'être fondée : Jean-Jacques entreprend un jour un piqué avec cet appareil inapte à l'acrobatie aérienne – une descente à la verticale sur le *Rancho Alegre*, notre hôtel de Campos do Jordão. (Comptait-il effrayer son « ennemi » le cuisinier allemand ?) Il m'avoua ensuite que, cramponné aux commandes, il avait bien cru qu'il n'arriverait pas à redresser et à nous en sortir. Mais j'étais avec lui, n'est-ce pas, donc il n'avait pas peur !

Après plusieurs démonstrations moins téméraires – quoiqu'elles le fussent nécessairement pour impressionner les éventuels acheteurs –, Jean-Jacques réussit à vendre quelques exemplaires du *Courlis* – la compagnie en avait envoyé d'autres –, dont l'un s'abîma au cours d'un atterrissage (sans faire de victimes). En fait, cet appareil de conception nouvelle n'était pas suffisamment au point et l'autorisation de vol lui fut ultérieurement retirée.

Même s'il n'a pas chuté avec nous, c'est sans regret que nous nous en délestons pour rentrer à Paris... en avion de ligne !

Nous aurions pourtant pu rester et nous installer au Brésil : Jean-Jacques s'était finalement vu offrir une situation d'ingénieur dans l'intérieur du pays.

Mais, l'un comme l'autre, nous ne supportons plus d'être loin de cette même France qui, il y a un an, nous avait paru sans attraits et sans avenir... Je rêvais la nuit de mes collines limousines parées de leur bruyère mauve, de la fraîcheur de nos sources. Lui, éprouvait le besoin de se mesurer, sur le plan des idées, non plus seulement à des Brésiliens – de son point de vue, pas assez combatifs –, mais à ses compatriotes.

En posant enfin le pied sur le tarmac d'Orly, en apercevant ma mère, venue nous chercher en compagnie de mes beaux-parents, j'ai cru nos difficultés terminées.

C'était ne pas connaître Jean-Jacques : dès lors, nous ne ferions qu'aller d'épreuve en épreuve.

Quand elles ne se présentaient pas assez vite, il en inventait... y plongeant en « piqué » comme avec le *Courlis*.

J'arpente la terrasse du château de Saint-Germain-en-Laye, cette longue et belle promenade qui domine la vallée de la Seine. Nous venons de déjeuner en famille au *Pavillon Henri-IV*, un luxueux restaurant où nous ont invités les parents de Jean-Jacques pour fêter notre retour en France. Ma mère, ma tante, ma sœur, mes belles-sœurs sont avec nous. Tout le monde est heureux que nous soyons rentrés sains et saufs de notre aventure brésilienne. Sans qu'ils l'aient laissé paraître dans leurs lettres, les uns et les autres s'inquiétaient ferme.

Après n'avoir que peu touché aux plats – le tournedos béarnaise destiné à nous changer de la *feijoada* –, je suis allée m'accouder seule à la rambarde de pierre et je contemple ce clair paysage, si français dans ses formes harmonieuses et ses couleurs, que commence à roussir l'automne.

Il a fallu que j'aille au Brésil, à Rio, à São Paulo, dans le sertão, pour mesurer à quel point je suis attachée à ma terre natale. D'une certaine façon, ses paysages font partie de ma chair. J'ai mon appareil avec moi, celui que j'utilisais au cours de nos vols à bord du *Courlis* pour photographier la forêt et la côte brésiliennes – en fait, pour tromper ma peur – et je prends des clichés de la Seine et de ses rives.

En attendant de me remettre à dessiner comme je le faisais avant de connaître Jean-Jacques : des dessins de mode pour ma mère (sans doute pour exhiber mes jambes dont on vantait le galbe, j'avais déjà inventé et lui avais proposé la « minijupe » – mais Maman ne m'a pas suivie...).

Je dessine aussi des personnages tragiques, des prisonniers, des suppliciés, des figures que m'ont inspirées les événements de la guerre. Comme tant d'autres de ma génération qu'on avait protégés des drames, je les avais ignorés à l'époque ; la paix revenue, le silence rompu, une croissante quantité de livres, de déclarations, de photos et de documents nous les révèlent et nous blessent. Je cerne mes dessins d'un épais trait noir, tel un ruban de deuil.

Depuis notre retour en Europe, sans que je m'en rende tout de suite compte, l'immense catastrophe humaine dont nous sortons tout juste prend sa place dans toutes les consciences. Même chez ceux qui ne « veulent pas savoir ». Elle se superpose en filigrane à ce qu'il nous est donné de vivre. Tout devient fragile, menacé – même l'amour. Auquel pourtant nous nous raccrochons comme à notre seule certitude.

Jean-Jacques est encore à table, il parle avec son père, tous deux discutent politique. Nous sommes au début de années cinquante et la société française, sinistrée, tente fébrilement de se reconstituer.

Toutefois, je ne discerne pas les plaies et les blessures dans le paysage inchangé qui se déploie si sereinement sous mes yeux (la reconstruction a commencé par les lieux bombardés).

Quant au petit cercle familial où j'ai retrouvé ma place, il a repris ou continue sa tâche d'autant plus allègrement que le rationnement des matières premières disparaît peu à peu ; ma mère, qui n'a plus à quémander des bons pour du tissu ou de l'essence, crée comme toujours des robes, et je porte l'un de ses derniers modèles : une jupe évasée, la taille enserrée dans une haute ceinture incrustée, un imprimé blanc et bleu vif. Je m'y sens bien, c'est-à-dire au mieux de moi-même. J'aime certes bouger, escalader les pentes, les rochers, skier, monter à cheval, danser – mais, chez moi, la féminité l'emporte : j'ai tout le temps besoin de plaire aux yeux de ceux que j'aime.

C'est ma faiblesse : je ressens le besoin d'être contente de mon apparence pour pouvoir aller de l'avant ; en fait, pour avoir le sentiment que je mérite d'être aimée. C'est ma mère qui m'a rendue aussi vulnérable au regard d'autrui. Par métier, par vocation, elle s'attache avant tout à ce que je porte : c'est seulement quand elle en est satisfaite que son visage s'épanouit et qu'elle m'ouvre les bras. Sinon, elle m'envoie... me rhabiller.

Jean-Jacques est lui aussi attentif à ma tenue, il en juge d'un rapide coup d'œil au moment où nous sortons, et il lui arrive, souvent, de m'envoyer... me recoiffer !

Sa mère est très belle, majestueuse même, avec ses cheveux en bandeaux longtemps très noirs. Jean-Jacques est d'emblée attiré par une femme belle, mais aussi soucieuse de sa toilette. D'où l'affection qu'il porte à Maman dont le métier est l'élégance.

En ces premiers temps de notre retour, j'ai été complètement prise en charge, sur le plan matériel, par Jean-Jacques, qui commence à gagner sa vie grâce à ses articles brésiliens, et par sa famille. Quant à ma mère, elle m'habille comme elle sait et aime le faire : somptueusement.

Toutefois, je ne vais pas très bien. Pourquoi ? Qu'est-ce que j'attends d'autre que l'amour pour me sentir heureuse ? Nous sommes revenus du Brésil pratiquement sans rien – au point que nous nous sommes dit un jour que tout notre avoir tenait dans le taxi dans lequel nous venions de monter ! Cela nous a fait rire : c'est agréable d'être léger... surtout quand on ne manque de rien !

Les parents de Jean-Jacques nous hébergent. Chez eux, où il y a du personnel, je n'ai qu'à me laisser vivre, mais – sans que je me l'avoue – c'est ce qui me pèse. Au Brésil il me fallait lutter : contre la lumière, contre la chaleur, contre la barrière de la langue, pour me faire une place parmi des étrangers, lesquels, sans être pour autant hostiles, n'en avaient rien à faire, d'une jeune femme comme moi... Et je devais seule soutenir Jean-Jacques, le seconder dans ses efforts comme je l'avais fait au cours de sa maladie.

Ici les miens – les siens aussi – m'entourent d'un cercle affectueux, je ne rencontre que des sourires, je n'ai rien à conquérir, rien à imposer, je suis « Madame Jean-Jacques » – un rôle défini par avance, un avantage acquis.

Toujours appuyée à la rambarde de pierre sculptée, tandis que les autres boivent leur café – luxe apprécié, après le « jus » d'orge et de malt de la guerre – et qu'ils bavardent et rient entre eux, je finis par me l'avouer : Jean-Jacques a moins besoin de moi à chaque instant. Nous ne menons plus tout à fait la même vie.

Contrairement à ce qui se passait au *Rancho Alegre* où nous ne nous quittions pas, il travaille la plupart du temps à l'écart de moi : il a accepté de poursuivre sa collaboration pour les journaux brésiliens qui l'employaient, l'un à Rio, l'autre à São Paulo, et il s'est fait graver des cartes de visite où il s'y désigne comme leur correspondant à Paris !

Ce qui fait que, sitôt rentré, avec cette ardeur qu'il met dans tout ce qu'il entreprend, pour exercer au mieux ce métier de journaliste qu'il débute en France il se rend à des rendez-vous, circule, voit des gens dans le monde politique et chez les industriels dont son père lui indique l'importance.

Il est en outre allé rendre des comptes à la compagnie qui lui avait confié la promotion du *Courlis* au Brésil. Il a réussi à vendre là-bas quelques appareils ; ceux-ci, pour l'instant, volent toujours et, pour le remercier, on lui accorde l'usage d'un *Courlis* en France.

Nous effectuerons ainsi quelques vols à partir de Toussus-le-Noble, dont l'un pour l'Angleterre avec ses parents qui, comme moi – ah, l'amour ! –, lui font confiance.

Sur le plan technique, le vol aller et retour s'effectue à merveille. Toutefois, lorsque nous survolons à nouveau le territoire français, Jean-Jacques atterrit sur une piste « sauvage » – construite par les Allemands près de Veulettes-sur-Mer –, afin d'y débarquer son père qui est maire de la commune et pressé de s'y rendre.

Sur ce terrain perdu, il n'y a ni douane, ni police, ni surveillance ; l'atterrissage, même bref, d'un appareil en provenance de l'étranger est illégal ! Cette infraction – en tant que pilote, il aurait dû le savoir – ne lui sera pas pardonnée : les autorités de l'air suspendent son autorisation de pilotage. Fin pour Jean-Jacques de son aventure aéronautique – et de la mienne ! L'autre, celle du journalisme politique, commence.

Vais-je là aussi en faire partie ?

Sorti du lit avant l'aube, vêtu de sa tenue de sport, Jean-Jacques écrit. Dans la chambre que nous occupons chez ses parents – nous ne disposons pas encore d'un lieu à nous –, cela fait plusieurs jours qu'il se lève tôt après m'avoir demandé si l'éclat de sa lampe ne me gêne pas.

Longtemps je me suis endormie dans le cliquetis des bracelets d'ébène de ma mère qui, dans la pièce à côté, le soir, créait des modèles sur son mannequin de bois. Continuer à dormir tandis que mon mari travaille près de moi me ramène à mon enfance, et m'apaise.

Afin de se concentrer des heures durant, Jean-Jacques boit du café, préparé la veille dans une Thermos, et prend des amphétamines comme lors de la préparation de son concours.

Bientôt il tient à la main une trentaine de feuillets sur le sujet qui lui tient le plus à cœur : l'Alliance atlantique.

Ses articles hebdomadaires pour les journaux brésiliens ne suffisent plus à son désir d'être reconnu dans son pays. Et plus il voit du monde dans les milieux de la politique, de l'économie, des affaires, plus il piaffe : il rêve d'exposer sous sa signature ce qu'il pense de la situation et des problèmes de l'après-guerre. N'avoir qu'à transmettre l'information, même s'il la clarifie et l'interprète, ne saurait le satisfaire.

Ce qu'il vient de rédiger en trois jours, c'est sa profession de foi. Jean-Jacques est profondément antifasciste, c'est-à-dire opposé à tout régime à tendance totalitaire, qu'il soit de droite – il a combattu le nazisme – ou de gauche – jamais il ne s'alliera aux communistes.

En revanche, il croit en l'Amérique. Il me répète : « Même quand les Américains se trompent, commettent des erreurs, fussent-elles énormes, ils en reviennent un jour ou l'autre. Il faut toujours leur faire confiance et rester alliés avec eux. »

Sa foi en l'Alliance atlantique, c'est ce qu'il expose dans cette série d'articles écrite sur un de ces blocs quadrillés qu'il affectionne, de son écriture rapide, impérieuse. Tout en préparant ma licence en droit, j'ai suivi des cours de sténo-dactylo et je me charge de taper ses textes à la machine.

Il se penche par-dessus mon épaule : « Qu'en penses-tu ? » Je n'en pense rien, mais j'aime son style. Bref, incisif, tranchant. De temps à autre, je lui corrige une faute de grammaire ou lui demande d'être un peu moins concis – c'est mon seul apport.

Reste à soumettre son texte à un directeur de journal, et Jean-Jacques n'en voit qu'un : celui du *Monde*, Hubert Beuve-Méry.

Le joindre est difficile, Jean-Jacques n'a que vingt-cinq ans et les journalistes politiques sont tous grisonnants, chevronnés. Il craint de n'être ni lu, ni reçu... C'est mon père, chez qui nous allons déjeuner, qui se révèle posséder la clé du problème : il a pour ami intime le rédacteur en chef du *Monde*, André Chênebenoit. (Toute mon enfance, quand il l'évoquait ou lui téléphonait, j'entendais *Chêne de noix*, ce qui me rendait perplexe...) Mon père, qui ne poursuit rien d'autre que sa carrière à la Cour des comptes, s'est fait des amis de longue date dans tous les milieux administratifs et politiques, souvent autour d'une table de bridge. L'ambition si politisée de son gendre le surprend, mais pourquoi pas ?... Il faut bien que jeunesse se passe, et les jeunes, on le sait, profèrent, sur le monde comme il va, des opinions excessives !

Il appelle son vieux copain : « Dis donc, tu ne peux pas organiser un rendez-vous entre ton patron et mon gendre ? Il se trouve qu'il a quelque chose à lui demander... »

L'entrevue a lieu et relève plutôt de l'affrontement. Mais en fin de compte, après corrections, coupures, Hubert Beuve-Méry accepte de publier la série de Jean-Jacques en première page de son quotidien du soir (« *Merveilleux Beuve... Je l'aime et je l'admire... Il a une vraie vision du monde... J'ai rencontré un maître. Un incorruptible...* », raconte Jean-Jacques dans *Passions*).

C'est fait : en une seule parution, Jean-Jacques Servan-Schreiber, premier du prénom, émerge. Il s'est constitué une physionomie, il n'a plus qu'à poursuivre, ce à quoi il s'emploie activement : il se met à rédiger – toujours tôt le matin – et à publier régulièrement des séries remarquées – mais aussi contestées – dans *Le Monde*.

C'est une période étrange où, pour mon compte, je me sens incapable d'agir, éventuellement de penser. Du moins dans le concret et le même domaine que Jean-Jacques. (Parfois j'écris en secret sur des cahiers d'écolier.) D'ailleurs, ce n'est plus avec moi qu'il discute politique, mais avec son père, avec Beuve-

Méry, et bientôt avec quelques jeunes hommes dont il a fait la connaissance.

Nous les rencontrons un par un, puis Jean-Jacques fait en sorte qu'ils se connaissent, se réunissent, se prennent d'estime et d'amitié les uns pour les autres.

C'est qu'ils ont ensemble une passion qui les rapproche et que renforce le fait de la retrouver – grâce à Jean-Jacques – aussi ancrée et déterminée chez autrui : c'est l'ambition politique.

Toutefois, s'ils ont son âge, s'ils ont réussi comme lui dans leurs concours et leurs hautes études (Polytechnique, Inspection des Finances, Conseil d'État...), s'ils nourrissent un désir identique au sien de jouer un rôle de premier plan – non défini – dans la société française, Jean-Jacques est encore le seul, par son talent d'écriture, à s'exprimer et à publier dans la grande presse : d'où son ascendant sur les autres.

À aucun moment cette suprématie, qu'il doit d'abord à sa plume et qu'il va conserver longtemps, ne m'étonne : pour moi, celui qui se fera bientôt appeler « JJSS » est le meilleur, n'est-ce pas ?

Derrière nous, des prairies à perte de vue, quelques vaches normandes cantonnées par des barrières. Devant nous, la mer. Je devrais dire sous nos pieds, car nous sommes au sommet des hautes falaises du pays de Caux où nous revenons souvent en week-end – nous nous y sommes fiancés... – et nous avançons l'un derrière l'autre sur un petit sentier qui longe leur bord escarpé. De trop près, à mon goût.

Jean-Jacques n'a-t-il pas le vertige, ou compte-t-il sur ses réflexes de pilote pour éviter la dégringolade forcément mortelle ? En tout cas, il grimpe d'un bon pas et, comme à mon ordinaire, je m'emploie à rester dans sa trace. Si je me sens anxieuse, c'est surtout pour lui que je trouve trop indifférent au danger, ou trop sûr de lui. De même, je redoute de le voir traverser la chaussée, à Paris, sans regarder ni à droite ni à gauche – fait-il confiance aux autres ou à sa chance ?...

Pour moi, sans doute consciente de mes moyens, je ne m'aventure pas sans réflexion ; que ce soit au bord d'un précipice, à skis, à bicyclette, en voiture, dans la foule, je fais attention ; j'ai autant horreur des accidents que des conflits. En fait, des heurts, qu'ils soient physiques ou moraux, et je les évite autant que je peux. Quitte à fuir.

Nous sommes seuls sur notre chemin, cette côte rude n'est guère fréquentée et monter sur les falaises est un sport qui n'attire que quelques originaux avides de sensations fortes. Les autres préfèrent Le Havre,

Deauville, ou, plus au sud, Royan, Biarritz et le pourtour de la Méditerranée, Cannes, Nice, Monaco... En fait, les lieux renommés dont leurs parents leur ont parlé comme des endroits à la mode avant-guerre. Et qu'ils ont envie de connaître à leur tour.

Se promener sur un sentier à peine visible parmi les hautes herbes, loin de la foule et des agréments des stations en vogue, apparaît comme un peu fou. En tout cas, peu désirable. Or c'est justement cette solitude qui plaît à Jean-Jacques, comme propice à sa réflexion. Sans compter que la falaise exige, pour y accéder, un réel effort physique. Ce que n'apprécient pas non plus les touristes ou les vacanciers d'alors, qui préfèrent le transat à l'exploit sportif !

Soudain Jean-Jacques s'immobilise face à la mer, et j'en profite pour souffler. Les mains dans les poches de son gilet d'aviateur qu'il ne quitte guère, il considère l'horizon ; je me mets à ses côtés, un pas en arrière, et, sans me regarder, tourné vers l'immense espace qui s'ouvre devant lui, comme du haut d'un balcon – il y sera à Nancy, place Stanislas, le jour de son élection de député –, il se met à haranguer les nuages.

En fait, il rêve, il imagine ; à la limite, on pourrait penser qu'il délire... Il me dit qu'il veut un journal, qu'il lui en faut un à lui, car il en a assez de contribuer à des quotidiens ou des périodiques qui ne lui accordent pas toute la place dont il a besoin pour exprimer l'entier de sa pensée.

Je l'écoute sans l'approuver : le fait que la grande presse lui ouvre ses colonnes me paraît une réussite que bien des garçons de son âge, mais aussi des hommes faits lui envient et dont, à mon sens, il devrait se contenter.

C'est ne pas prendre en compte son côté visionnaire. Son impulsion créatrice. Sa capacité de voir toujours plus loin et en avant des autres. Sans m'écouter, il poursuit sa plainte en forme de constat : les journaux où il écrit donnent la parole, parfois sur la même page, à d'autres signataires qui le contredisent. « De vieux cons », me dit-il. C'est une époque où il ne mâche pas ses mots à propos de ceux qu'il juge de l'« ancien régime ». Des attardés qui ne voient pas où va le monde d'après la guerre, où doit aller la France. Ni ce qu'attendent et espèrent les Français.

C'est ce que Jean-Jacques a de commun avec de Gaulle, il dit « les Français ». Et il les respecte – plus peut-être que de Gaulle. Pour lui, la France comporte une masse de gens de bonne volonté qu'on n'informe pas, n'éclaire pas, ne consulte pas. Or il y a des choix à faire, des chantiers à ouvrir, des lois à changer, mais si on n'en dit rien aux Français, ils ne le savent pas, ne peuvent pas deviner où et comment se mettre au travail, pour qui ou quoi voter.

Cette analyse, il me l'a déjà faite et, pour ce qui me concerne, je ne puis que l'entendre. Je ne suis pas à même d'en percevoir ni d'en discuter le bien-fondé... D'autant que, formulée d'une façon aussi tranchante, elle me paraît excessive. Ma nature, mon inclination – toujours mon horreur des conflits ! – seraient plutôt de me changer que de tenter de changer l'ordre du monde !

Mais me changer, en l'occurrence, c'est accepter d'accompagner Jean-Jacques là où il m'entraîne et rêve d'aller. Même si cela me semble vain ou si – comme en ce moment même – je préférerais être ailleurs que sur ces falaises qui m'effraient : à arpenter les planches de Deauville, par exemple, comme le faisait autrefois ma mère, ou à Venise en gondole, sur la Croisette à Cannes, tous lieux où Jean-Jacques n'a aucune envie d'aller et où il ne m'emmènera jamais. Il me réserve d'autres voyages. Me prépare d'autres aventures...

Les politiciens de l'« ancien régime », continue-t-il de gronder, agissent comme avant la guerre. Ils veulent tout diriger depuis leurs cabinets, sans aller sur le terrain, et ils continuent de mener leurs complots et de faire leurs coups en douce. Non que lui-même considère tout le personnel politique comme vendu, mais, à ses yeux, la plupart sont pourris d'orgueil. Du seul fait qu'ils se sont hissés au pouvoir, souvent par des moyens douteux, ils jugent le reste des Français incapables de rien comprendre aux affaires, donc de se gouverner par eux-mêmes.

Pas lui, Jean-Jacques. Pour lui, tout le monde est à même de comprendre, de juger, de choisir et aussi – il le répète souvent – de créer... Que ce soit dans le domaine de notre propre vie, de notre emploi, ou dans celui de nos valeurs politiques, esthétiques ou morales, nous avons tous la possibilité d'accéder à la plénitude, au bonheur... Différent pour chacun de nous. À condition qu'on nous en laisse la liberté.

Reste à donner aux Français les moyens de leur choix, c'est-à-dire à les informer. L'importance de la presse, en politique, est capitale, or celle qui est sur le marché ne remplit pas son rôle. Elle continue de favoriser les dires des mandarins d'avant-guerre et, à part celles de quelques hommes issus de la Résistance, de laisser s'exprimer des idées qu'il juge dépassées. Qui ne correspondent pas à l'époque, ne tiennent pas compte de son profond désir de renouveau.

Est-ce parce que lui-même a séjourné ailleurs, dans les deux Amériques ? Depuis que nous sommes de retour en France, il en prend conscience jour après jour ; il est convaincu d'être dans le vrai, en prise directe avec l'avenir.

Ce que tend d'ailleurs à prouver l'excellent accueil réservé à ses articles, quoiqu'il soit forcément limité par l'étroitesse de la place qui leur est réservée. Au *Monde*, ses séries n'étaient pas régulières, et si elles le sont à *Paris-Presse* – où il a maintenant choisi de s'exprimer –, il n'apparaît pas en première page... C'est l'évidence : il étouffe dans le système de la presse tel qu'il existe encore ; il lui faut un journal à lui.

Je crois entendre un enfant me dire : « Je voudrais un avion. » Ou « une patinette ». Ou « un camion ». Si on ne peut pas le lui offrir, on peut du moins entrer dans son rêve. C'est ce que je tente de faire :

« Et comment serait-il, ton journal ?

– Les articles doivent être courts, clairs : pas de chasses d'une page à l'autre ; beaucoup de photos, de documents illustrés, des titres, de nombreux sous-titres, des encadrés, des légendes explicatives. Il faut qu'on puisse le lire d'un coup d'œil, comme on lit une bande dessinée.

– Oui, approuvé-je, une bande dessinée, ce serait bien... »

Le dessin, le graphisme, c'est quelque chose que j'aime et que je pratique... Mais un journal simplifié à l'extrême, avec des personnages qui parleraient dans des sortes de « bulles », est-ce réaliste ?

Quoi qu'il en soit, je n'ai rien à lui opposer, ni même à suggérer, je ne peux que le laisser dire en espérant à part moi qu'on va redescendre de cette falaise – Chateaubriand à Combourg, Nietzsche en Bavière ont également recherché la hauteur pour laisser comme lui voguer leur imagination. Victor Hugo aussi sur son rocher de Guernesey... Sans remonter jusqu'à Moïse, il est évident qu'il s'agit là d'une pratique masculine : pour mieux prendre son envol, l'esprit viril exigerait une certaine altitude...

Mais je commence à avoir faim. Je songe aux crevettes, aux poissons de la côte normande, pêchés du matin, à leur saveur incomparable. Au cidre aussi...

Satisfait de mon écoute, peut-être aussi d'avoir pu cerner sa vision, Jean-Jacques se tourne vers moi pour m'embrasser. Je recule de quelques pas afin qu'il en fasse autant – nous sommes si près du bord à vif de cette falaise qui, par moments, s'écroule. Du regard, il cherche un creux où l'herbe est touffue, me tire par la main pour m'inviter à m'y allonger. Nous faisons l'amour là, en plein air marin, dissimulés comme dans un nid par les hautes tiges des graminées.

Puis nous demeurons sur le dos, côte à côte, main dans la main, les yeux grands ouverts, à considérer le ciel où de blancs nuages glissent comme les feuilles de notre enfant-journal à naître ; aussi clair et limpide que la voûte céleste, aussi remuant et agité que la mer et ses marées.

Ce journal dont Jean-Jacques vient de déposer le germe en moi et que je dois dès lors protéger.

Des mouettes croisent, proches à nous effleurer, en poussant leur long cri de guerre et de joie.

Avait-on connu un tel brouillard à Paris : un brouillard anglais ? Y en a-t-il eu d'aussi opaque depuis lors ? Je n'en sais rien, mais Jean-Jacques et moi, en voiture, manquons de nous perdre place de l'Étoile. Où donc est passée l'avenue Foch qui va nous permettre de rejoindre Neuilly, là où nous attend un jeune couple que je ne connais pas encore et que Jean-Jacques veut me présenter : Jacques et Colette Duhamel ?

Enfin, après quelques errements et au risque d'emboutir divers trottoirs et d'autres véhicules, nous nous retrouvons rue Charles-Laffite. En chemin, Jean-Jacques a amplement le temps de m'expliquer qui sont les Duhamel, lesquels ont exactement notre âge.

Elle, c'est la jeune femme qu'il avait demandée en mariage juste avant de me rencontrer et dont il m'avait dit être amoureux (et qui avait refusé, heureusement pour moi !). Sans doute – m'explique-t-il – parce qu'elle se jugeait trop jeune, à peine dix-neuf ans. Je pense aujourd'hui, connaissant son laconisme, qu'il avait dû l'effrayer par sa brusquerie. Toutes les femmes n'étaient pas, comme moi, prêtes à dire « oui » dès que Jean-Jacques leur demandait quelque chose, fût-ce leur main...

Peu de temps après – nous étions au Brésil –, elle avait rencontré Jacques Duhamel, qui sortait de l'Ena, et l'avait épousé. Ils viennent d'avoir un fils, Jérôme, et habitent dans un petit appartement près du bois de Boulogne.

Nous sommes en retard, à cause du brouillard, et transis ; ce qui fait que la chaleur de l'accueil que nous réservent nos hôtes est d'autant plus appréciable.

La chaleur, c'est bien ce qui les caractérise : tous deux gais, souriants, aimables et... très beaux !

Oui, je pourrais être jalouse, rétrospectivement, de cette fille à la tête si fine et au profil de camée, aux yeux bleus – fort myopes ! –, au corps de sportive, mais avec une voix si pure, si confiante qu'on ne peut qu'une chose, face à elle, et je m'y mets dans l'instant : l'aimer.

Quant à Jacques, il est d'une espèce tout aussi rare : grand, extrêmement vif dans ses mouvements, et sous son abondante chevelure noire dont il a du mal à mater les mèches, luisent des yeux bleus, presque violets, un peu enfoncés, qui voient tout et ne vous quittent pas.

Comme pour atténuer, sinon dissimuler sa puissance d'observation et de réflexion, sa voix est mélodieuse – Jacques adore la musique classique et me la fera connaître –, charmeuse aussi, coulant selon un débit presque continuel qui se déverse comme l'eau d'une source. Ou une sonate de Mozart.

Engagé très jeune dans la Résistance, Jacques a eu un parcours qui n'est pas inférieur à celui de Jean-Jacques. Il a réussi ses concours, il est auditeur au Conseil d'État, lui aussi s'est marié tôt et il a déjà un fils. Le bébé dort paisiblement dans le berceau près de la petite table où nous dînons.

Jacques nous offre du vin, que nous refusons ; il est bon vivant, ouvert aux plaisirs de la vie comme aux arts, et sa convivialité lui permettra de faire très vite une carrière remarquée – il sera ministre – au centre de l'échiquier politique.

Pour l'instant, lui et Jean-Jacques « s'expliquent » – politiquement, s'entend – tandis que je bavarde avec Colette. Comme moi elle aime lire ; son beau-père, le second mari de sa mère, est propriétaire d'une maison d'édition, *La Table Ronde*. Cela permet à Colette de disposer d'une grande quantité de volumes et aussi de rencontrer des écrivains dont certains commencent à faire grand bruit, comme Antoine Blondin, Roger Nimier...

Dès ce soir-là, que de points communs entre nous ! Que de choses nous allons entreprendre ensemble ! Louer une maison, déjà, aux environs de Paris, faire un voyage à quatre en Italie – pour moi, c'était le premier –, nous inviter sur nos lieux respectifs : les Duhamel viendront à Megève dans le chalet des Servan-Schreiber, à Montfrin, dans le Gard, chez l'oncle de Jean-Jacques. Nous ferons aussi des séjours à La Baule, dans la maison de la mère de Jacques, lequel devient rapidement le président du Golf.

Jacques Duhamel, cela saute aux yeux, est fait pour être président : c'est un rôle qu'il aime, qu'il remplit à merveille et qui vient tout naturellement à lui. Alors que Jean-Jacques, lui, a longtemps préféré créer ce qui n'existait pas – ainsi, *L'Express* – ou modeler à sa guise les fonctions qu'il occupait : celle de lieutenant en Algérie, son mandat de député à Nancy, voire son poste de ministre des Réformes... De même qu'il avait tenté de faire de l'acrobatie avec le *Courlis* qui n'était pas construit pour ça, Jean-Jacques pousse les êtres et les choses à bout... Dans les sentiments, s'il le peut ; dans la conversation, toujours.

Ce qui choque ou fait évoluer son interlocuteur selon son propre degré d'anticonformisme – en tout cas, le réveille et souvent l'attache : c'est le cas de Jacques que les excès de Jean-Jacques, dans ce qui n'est encore qu'utopie, excitent et amusent.

Notre quadruple amitié, née ce soir-là, est si naturelle, si évidente qu'elle finira par faire quelques jaloux, déjà dans nos familles respectives, sans que nous nous en apercevions. Ou daignions en tenir compte.

C'est avec malice, tels les quatre Mousquetaires, que, pénétrant au bras les uns des autres dans un salon ou un autre, nous jouissons de sentir tous les regards se tourner vers nous du fait de notre jeunesse, de notre élégance – Colette et moi partageons souvent la même garde-robe, don de ma mère –, en fait de ce surcroît de force et de vitalité que nous donne notre entente.

Sans compter la conviction, qui émane de nos maris, qu'ils sont là pour changer le monde ! Avec eux, rien ne paraît impossible, et tout ce qui nous déplaît ou fait obstacle devient décor de carton-pâte... Qu'il va falloir faire sauter !

Seul le temps a pu nous éloigner les uns des autres. Les charges et fonctions sont devenues pour chacun si prenantes qu'on finit par ne plus fréquenter que ceux avec lesquels l'on a directement affaire. Mais, en ces années-là, juste après la guerre, le tissu plus lâche de la vie quotidienne permet de jouir d'un luxe qui devient rare : l'amitié pour l'amitié.

Nous allons en user, en abuser, et, bien sûr, Jean-Jacques et Jacques, à force de confronter leurs idées et leurs ambitions, vont mettre sur pied des projets communs.

Ce soir-là, l'avenir est encore dans le brouillard, lequel va nous unir plus rapidement que prévu : vers les minuit, la purée de pois n'a pas décrû, elle s'est même épaissie. Alors Jacques et Colette nous proposent et même nous intiment de rester chez eux ; ils nous offrent leur lit, ils prendront le divan.

Le lendemain, la clarté revenue, ce petit déjeuner que nous prenons ensemble – Jacques est allé chercher les croissants – va se révéler le premier d'une longue et affectueuse série.

Nous voilà partis ! En compagnie des Duhamel, à quatre dans la traction, nous venons de franchir la frontière à Vintimille, ce qui est en soi un privilège. En cette fin des années quarante, voyager hors de France, surtout par la route, n'est pas donné à tout le monde et nous en avons conscience : pour commencer il faut une voiture, aussi de quoi payer l'essence.

C'est tantôt Jacques, tantôt Jean-Jacques qui conduisent, sur des routes qui ne sont pas en très bon état, la guerre y a laissé ses traces ; mais elles ont l'avantage d'être peu encombrées.

C'est l'été, dès l'arrivée sur la Méditerranée nous nous y précipitons pour un bain commun. Quatre jeunes gens nageant, riant, s'éclaboussant dans une mer accueillante, je vis enfin ce qui m'est difficile et même refusé quand je suis seule avec Jean-Jacques : un bonheur de vacances…

C'est grâce à Jacques si l'ambiance est si gaie : il tempère fraternellement Jean-Jacques quand il le voit s'obstiner à trop en faire, et même le taquine. Sous les plaisanteries et les brocards de Jacques, qu'il aime et estime, Jean-Jacques éclate de rire comme un enfant, ce qui nous enchante tous.

Cela n'empêche pas leurs conversations « sérieuses », sur l'avenir de la France, l'économie, la politique… Jean-Jacques – qui ne peut concevoir un voyage sans objectif – a une liste d'adresses : des industriels italiens auxquels il entend rendre visite pour des articles à venir, aussi des hommes politiques.

Je suis à l'arrière, avec Colette. Silencieuses – les hommes parlent à l'avant – nous regardons défiler le paysage par les vitres grandes ouvertes. Tout m'étonne, la couleur des maisons, les robes vives des filles ; un certain rouge clair me donne l'envie de me trouver le même quand je serai de retour à Paris...

À partir de Milan, nous roulons plus vite grâce aux autoroutes construites avant-guerre par Mussolini et bientôt nous entrons dans Rome. C'est le rose de la ville, sa lumière, ses cris aussi qui me surprennent.

Dans la rue, Colette et moi demeurons collées à nos hommes car au moindre écart ou arrêt pour considérer une vitrine, un Italien nous aborde, lance un compliment, et avance la main vers nos fesses si on n'est pas accompagnée. Nous portons de jolies robes, dont l'une de chez ma mère que nous nous échangeons selon les jours : un fourreau sans manches de garbardine beige, entièrement fermé à l'arrière par de gros boutons ton sur ton.

Je trouve en Colette ce que j'ai toujours recherché dans ma vie : le charme d'avoir une sœur. Longtemps ce fut Simone, la mienne, puis nos goûts et nos destins nous menant sur des chemins différents, d'autres femmes exceptionnelles que j'ai eu la chance de rencontrer, comme Marie-Pierre de Cossé-Brissac, Agathe Vaïto, Florence Malraux, Claudie de Surmont, plus tard Régine Deforges, Sonia Rykiel...

C'est déjà leur beauté, qui me captive, puis leur caractère, leur courage, leur capacité de création, leur goût pour l'indépendance.

Un soir, nous dînons en terrasse chez *Albert*, le célèbre restaurant de Rome où les pâtes, dit-on, sont les meilleures au monde... Au début du service, le patron apporte à celle qu'il considère comme la plus belle de ses clientes, des couverts en or pour déguster des pâtes... Ce soir-là, c'est à Colette qu'il les offre et nous, ses trois accompagnateurs, sommes flattés...

À Florence, je monte avec Jacques dans une calèche pour aller sur la colline qui domine la ville. De quoi parlons-nous ? je ne m'en souviens pas, mais une chose est sûre : Jacques fait montre de son goût enthousiaste pour les pierres, les monuments, les musées, le patrimoine qui fera de lui un remarquable ministre de la Culture.

À Rome, il nous fait visiter le Colisée, tourner à pied dans le quartier du château Saint-Ange, ce que Jean-Jacques n'aurait certainement pas entrepris, plongé qu'il est dans la presse italienne qu'il s'escrime à déchiffrer.

Je ne sais comment il s'y est pris, mais il nous obtient une audience auprès du pape. Colette et moi portons une mantille noire, et je me souviens du fou rire qui nous a pris face au Saint-Père !

En effet, Jean-Jacques – je n'ose dire « sérieux comme un pape » – sitôt devant sa Sainteté, entreprend de l'interviewer sur la politique mondiale ! En sortant les quelques paroles d'italien apprises pour la circonstance...

Sans manifester d'irritation, Pie XII ne répond pas à ses questions, mais, à nous voir tous les quatre si jeunes, il se met à répéter « *nuovi sposati ? nuovi sposati ?* » (nouveaux mariés ?). Sur notre réponse affirmative, il nous bénit. Puis sa main continue son geste : aux suivants...

Tout vouloir politiser – et ça n'est qu'un début ! – c'est bien Jean-Jacques et, de retour à Paris, Jacques se fait une joie de raconter cent fois cette histoire.

Mais bientôt il nous faut mettre un terme à notre voyage en Italie. Y eut-il un coup de téléphone pour rappeler les hommes à leurs obligations ? Toujours est-il que les deux garçons décident de prendre l'avion à Rome et nous confient le soin, à Colette et à moi, de ramener la Citroën à Paris.

Légère tension : ni l'une ni l'autre n'avions entrepris seules un tel périple jusqu'ici ! Mais nous sommes ensemble, ce qui nous rassure, et plutôt intrépides. La plupart du temps, c'est moi qui conduis. Nous repassons la frontière, sa douane et sa police sans encombre, un peu tendues toutefois : pourvu que nous n'ayons pas d'accident, que nous n'oubliions pas de reprendre de l'essence...

Une fois sur la Riviera, nous ne savons trop où coucher – il s'agit de faire le voyage par étapes – et Colette a une idée : « J'ai un cousin qui possède une maison dans un petit port près de Saint-Raphaël, je vais lui téléphoner, je pense qu'il nous accordera l'hospitalité. Ses enfants y sont peut-être puisque ce sont les vacances... »

Le petit port en question, c'est Saint-Tropez !

Après quelque hésitation, Colette, qui y a accosté lorsqu'elle faisait du bateau en Méditerranée avec son père, finit par repérer une maison les pieds dans l'eau, juste à l'entrée de la petite ville. À l'intérieur, quelques adolescents qui ne souhaitent qu'une chose : que les adultes – nous en sommes à leurs yeux – leur fichent la paix.

Merveille, même après l'Italie, que ce lieu alors ignoré... Surcroît de chance : la traction tombe en panne ! Je revois le mécanicien du garage tropézien – il n'y en avait qu'un, je crois, à l'époque – à plat dos sous la voiture, nous déclarant qu'une pièce est cassée, qu'il doit la faire venir et que cela prendra quelques jours...

Il est des malheurs pires que de tomber en panne dans le Saint-Tropez de l'époque. Je me plais d'emblée dans ce village aux maisons basses, aux ruelles enchevêtrées, qui semble fait pour le farniente et le plaisir.

Nous ne nous quittons pas, Colette et moi, nous couchons dans la même chambre, nageons longuement côte à côte dans la baie face à la maison, nous promenons sur le quai, la jetée, mangeons des tomates et des sandwichs, achetons quelques foulards de coton et autres brimborions... Deux filles seules en liberté, c'était rare et nous étions fières, en pensant à nos époux respectifs qui nous avaient fait confiance, de si bien nous en tirer.

La vie avec ces hommes-là ne peut que nous réserver d'autres surprises.

C'est l'été en Île-de-France, et nous résidons à Orgeval, dans une ancienne et bien jolie maison que nous venons de louer. Bâtie sur trois étages, avec colombages, véranda, la villa s'élève au milieu d'un parc planté de grands arbres, à mi-pente d'une colline qui domine la Seine et une bourgade alors quasi rurale : Villennes.

Séduits par sa facilité d'accès depuis Paris, nous la louons à trois couples – les Broglie, les Duhamel et nous. Orgeval est en effet situé juste au bout de l'autoroute de l'Ouest nouvellement ouverte.

C'est Jacques Duhamel, le plus réaliste et le plus charmeur d'entre nous, qui s'est chargé des négociations avec la propriétaire, une dame âgée qui hésitait à laisser sa maison et ses meubles à cette bande de jeunes en apparence bien élevés, mais tout de même...

Tandis qu'elle nous vantait la qualité de ses boiseries et de son mobilier – à préserver, entretenir –, Jean-Jacques, comme toujours, ne s'occupait que d'une chose : y avait-il des tables suffisamment pratiques pour y travailler, et un lieu assez vaste – finalement, la véranda – pour se réunir et discuter ?

Nous habitons encore l'appartement de ses parents où il est difficile de tenir de longues réunions sans les déranger. Les deux autres jeunes couples, Jacques et Colette Duhamel, Jean et Micheline de Broglie, nouvellement mariés comme nous, sont également logés à l'étroit.

Cette maison d'Orgeval se révèle tout de suite un lieu idéal pour que les hommes puissent tranquillement, interminablement parler politique. Nous, les femmes, vaquons un peu à la cuisine, beaucoup à nos distractions qui, pour moi, sont soit des virées en voiture – j'adore conduire – soit la lecture.

Sur ce point, Colette est championne : couchée en chien de fusil sur un canapé, elle dévore tout, de préférence des romans étrangers, sans se soucier de nous en faire le commentaire.

Cela s'appelle comment, cette réunion de gens vivant ensemble, issus du même milieu, élevés dans la même culture et confrontant avec passion leurs idées parfois divergentes : un phalanstère ?

Le grand et élégant Valéry Giscard d'Estaing nous rejoint de temps à autre. Il a failli louer la maison avec nous, mais du fait qu'il est encore célibataire, il a décliné. Il est le plus jeune, il a de très belles mains, des yeux insistants, une mèche sur son vaste front, il zozote un peu mais montre une telle dignité, une telle assurance de parole qu'il en impose au-delà de son âge. « *Ce qui caractérise le jeune Valéry, c'est son besoin constant de communiquer, de ciseler ses idées devant un auditoire disponible...* », résume Jean-Jacques.

Quant à Jean de Broglie, c'est avec lui que j'ai et aurai le moins de contacts : il regarde peu les femmes en dehors de la sienne, occupé qu'il est à assumer le titre prestigieux – prince de Broglie ! – qui lui vient de sa famille, tout en cherchant à renouveler le monde dans lequel l'après-guerre nous projette. Une conciliation pas facile entre tradition et révolution, qui le rend souvent silencieux : il écoute les autres plus qu'il ne parle, mais son intelligence est grande et ses interventions toujours remarquées et prises en compte.

Un autre homme, notre aîné, en impose à la fois par son passé de résistant, la qualité de son esprit, la hauteur de ses vues. Sans compter qu'il est – après Jean-Jacques ! – le plus beau de tous : c'est Simon Nora, inspecteur des finances. Là aussi, c'est par une femme, son actuelle épouse, Marie-Pierre de Cossé-Brissac, fille du duc, que Jean-Jacques l'a rencontré et nous l'a fait connaître afin qu'il s'intègre à notre groupe. Jean-Jacques a connu Marie-Pierre juste après son retour des États-Unis. Rayonnante d'intelligence – elle devait réussir du premier coup une agrégation de philosophie –, cette ravissante femme au front vaste, aux scintillants yeux noirs, aux longs cheveux de soie, réunit autour d'elle la jeunesse titrée et dorée de cet après-guerre. Elle avait le choix, parmi les jeunes gens qui l'entourent, qui ont un nom, la fortune, parfois les deux, mais elle a eu tôt fait de leur préférer – elle a raison – un nouveau venu dans son milieu : Simon Nora.

C'est le plus remarquable des jeunes hommes qui gravitent alors autour d'elle, même s'il n'appartient pas à la caste de ses parents – lesquels s'en irritent. Mais Marie-Pierre, qui a de la trempe, n'a pas tenu compte des interdits, et a épousé Simon. Un courage qui lui vaut, entre autres, l'estime de Jean-Jacques. Quant à moi, je trouve normal que l'amour triomphe, et si Marie-Pierre me plaît et devient mon amie, c'est par sa liberté d'être et de parole – si rare encore chez les femmes –, liée à un fort tempérament de sportive ; c'est une cavalière et une nageuse émérite.

Mais, à l'époque, en dépit de leurs dons, de leurs qualités et de leur puissance de travail – elles vont jusqu'au bout de ce qu'elles entreprennent –, les femmes, sauf exception, ne sont pas supposées briguer de hautes fonctions.

On l'oublie, mais nous n'avons acquis le droit de vote que depuis 1945, et la parité, que ce soit en politique ou dans l'emploi, est alors une notion qui n'a pas cours. Les carrières ouvertes aux femmes restent celles qui dérivent de la maternité : l'enseignement, les soins... À leurs débuts, Simone de Beauvoir sera professeur, Françoise Dolto infirmière... Ma sœur, qui a la hardiesse de ne pas se marier pour continuer ses études, ne s'autorise pas à être médecin, ce dont elle rêve, mais pharmacienne... Ouvert aux femmes, il y a aussi le domaine de la spiritualité, en fait du sacrifice de soi, même s'il n'est pas vécu comme tel : une Geneviève Anthonioz-de Gaulle, une sœur Emmanuelle s'y engouffrent.

La plupart des autres femmes considèrent comme normal de demeurer au foyer, à élever leurs enfants dans le sillage de ceux qui les ont choisies pour compagne. S'ils réussissent, c'est à eux de briller, pas à elles !

En tout cas, lors des réunions d'Orgeval, nous ne nous étonnons et ne nous choquons pas que seuls nos maris se soucient de faire carrière. Chacun d'eux ambitionnant d'occuper une place éminente dans cette société d'après-guerre dont, sans qu'ils le sachent vraiment (et sans qu'ils aient à lutter et combattre contre des rivaux), ils sont déjà les têtes chercheuses, les promoteurs en quelque sorte. Bientôt – avec d'autres, issus d'autres milieux –, ils vont se retrouver aux commandes.

Ils s'y préparent et leurs femmes sont belles et charmantes, ce qui compte pour leur avenir – ils devaient y penser inconsciemment en les épousant – et cela, quelles que soient leurs futures fonctions...

Jacques Duhamel, auditeur au Conseil d'État, après être entré dans le cabinet d'Edgar Faure sera député et plusieurs fois ministre. Jean de Broglie également. Simon Nora, inspecteur des finances, directeur de cabinet de Pierre Mendès France, va faire carrière au ministère des Finances. Quant à Valéry Giscard d'Estaing, polytechnicien, normalien, il atteindra l'ultime degré en étant élu, comme chacun sait, président de la République.

Pour l'instant, filles et garçons mêlés, nous sommes assis en rond sur la pelouse de la maison d'Orgeval, et on pourrait croire qu'il s'agit là d'une garden-party. Mais les discussions – arrosées d'orangeade – sont sérieuses et vont bon train.

Jean-Jacques, de préférence debout, allant des uns aux autres, s'en réjouit : il a enfin des interlocuteurs à sa mesure et aussi déterminés que lui à ce que « ça change » !

Il intervient, questionne, mène le jeu, interrompant les uns d'une main, exhortant de la voix les autres pour que chacun parle à son tour dans un silence attentif : « Qu'en pense Valéry ? » ou : « Hier, Jacques me disait... » ou : « Je crois que Jean a raison lorsqu'il propose de... »

Il est indéniable qu'il a la qualité essentielle qui convient à un leader : il sait, il aime mettre les autres en valeur. Simon, lui, un peu en retrait, sourit : c'est l'aîné, il laisse les « jeunes » cavalcader et ruer en tous sens. Il sait que c'est lui qui aura le dernier mot, car, par métier et tempérament, il connaît les chiffres, détient les informations exactes, possède la vérité des faits et la lâche à bon escient... Jean-Jacques, qui sait lui aussi à quel point la réalité économique est essentielle et prime sur les autres, tient particulièrement compte de son avis.

Son ambition – comme celle de Nora – n'est pas fondamentalement le pouvoir politique. Mais, seul ou avec d'autres, de trouver le moyen de faire passer ses idées dans le concret... Il aime trop sa liberté de penser, d'agir, de s'exprimer pour accepter de rentrer dans le rang, fût-ce au plus haut niveau. (Quand il sera appelé à un poste de ministre, celui des Réformes créé rien que pour lui, en moins de dix jours il fera preuve de son incorrigible esprit d'indépendance : il s'opposera aux essais nucléaires ordonnés à Mururoa par le gouvernement auquel il appartient ; et il se fera démissionner par Jacques Chirac, alors Premier ministre.)

En fait, dès l'époque de ce qu'on peut appeler les après-midi d'Orgeval (comme il y eut autrefois *les soirées de Médan*, localité contiguë), Jean-Jacques ne songe qu'à créer son journal. Il en parle aux autres comme il m'en a parlé sur la falaise du pays de Caux. Avec plus de conviction encore, car il rencontre un écho chez ses interlocuteurs. Eux savent, mieux que moi, combien l'écrit en impose ; le prouvent les articles que continue de signer Jean-Jacques, lesquels s'inspirent désormais de leurs discussions et de leurs propos communs : « Il nous faudrait un organe qui soit de gauche, mais hors du marxisme, dans la ligne des convictions que je partage avec vous tous. »

Ensemble, ces quelques garçons d'avenir – que seuls leur désir d'agir et leur admiration réciproque ont réunis – forment un laboratoire, un banc d'essai pour mutuellement tester, affiner, enrichir leurs idées et leurs convictions.

Leurs différences, aussi : si elles ne se perçoivent pas encore, s'ils recherchent plutôt ce qui les rassemble que ce qui les oppose – ainsi Duhamel et Broglie sont plus modérés, Nora plus proche de la gauche –, tous, par tempérament, vont diverger. Sans vraiment se perdre de vue ni cesser de s'estimer.

Fût-ce après des affrontements, parfois violents, comme lors de l'éviction de Jean-Jacques du gouvernement –, ils finiront pas se revoir et rajuster leurs points de vue. C'est qu'ils sont avant tout des démocrates. Ce qui compte pour chacun d'eux – je le perçois dès ce temps-là –, c'est repenser et reconstruire la France, dans la liberté. Cela passe, quoi qu'ils en aient, par la poursuite réussie d'une carrière personnelle, laquelle peut seule leur ouvrir l'accès au pouvoir. Dans son for intérieur, aucun ne l'ignore.

Si, à l'époque, Jean-Jacques jouit ou semble jouir d'une autorité particulière sur ce petit groupe, dont pour moi il est l'âme, c'est qu'il combine en lui des qualités qui vont rarement de pair : le sens de l'action et de la réalisation immédiate, avec un grand idéalisme. Et une forme très particulière d'effacement et de renoncement, pas toujours évidente, sauf quand on le connaît bien : « *J'ai fait face. Je n'ai pas eu de mérite : je n'avais pas le choix* », écrira-t-il. En bien des occasions, après un succès éclatant et durement obtenu, je l'ai entendu murmurer : « Maintenant, je peux mourir. »

Par ces belles journées d'automne à Orgeval, à le voir rayonner parmi les autres, à mon amour s'ajoute l'admiration, sans doute avec partialité : Jean-Jacques, j'en suis persuadée, est vraiment le meilleur ! Comme il l'est pour sa mère.

Ce qui ne m'empêche pas d'apprécier – je n'ai pas beaucoup plus de vingt ans – ces êtres exceptionnels qui nous entourent, tous beaux, intelligents, au charme desquels je ne suis pas insensible. Comment le serais-je ? D'autant qu'ils ne semblent pas ignorer le mien...

Jean-Jacques n'est pas jaloux, ne le sera jamais, du moins à mon égard. Je lui appartiens de fait et de droit, alors les autres peuvent toujours s'y frotter : ils s'y casseront les dents. Personne ne peut me prendre à lui, il a raison et il sait que je le sais.

C'est néanmoins une période trouble où nous cherchons l'un comme l'autre notre chemin. Les parents ont décidé que nous ne pouvions pas habiter Orgeval à l'année, ce que nous avions commencé à faire, la maison n'étant qu'à une quarantaine de kilomètres de la capitale ; vu le peu de circulation, il arrivait à Jean-Jacques d'aller et venir deux fois à Paris dans la journée pour un rendez-vous ou un autre.

Pour moi je lis, je dessine, je m'ennuie un peu. Même si Colette est souvent là, avec le petit Jérôme, son premier fils, et que nos situations d'épouses de « jeunes cracks » nous rapprochent.

Dans le salon de mes beaux-parents, les hommes, debout, forment cercle autour de Jean-Jacques, et je les rejoins. J'y suis la seule femme ; les autres épouses (pas de femme seule), à l'invitation de ma belle-mère, se sont regroupées auprès d'elle comme il est encore d'usage dans les salons bourgeois à la fin du repas.

Mais c'est la conversation des hommes, et non celle de ces dames, qui m'intéresse. Déjà parce que Jean-Jacques en est le pôle d'attraction : tout le monde veut connaître – tester ? – le jeune journaliste dont on parle. Je tente de suivre l'échange politique ou économique pour m'intégrer, mais il est inutile que j'ouvre la bouche – j'ai essayé –, on ne m'écoute pas.

Au début, ce refus me surprend : Jean-Jacques m'a toujours prêté attention. Puis, l'un de ces messieurs reprend à son compte la question que j'ai posée ou la réflexion que je viens d'émettre à voix basse... « Ma » remarque doit être valable, car cette fois on y répond... Mais ce relayage de mes propos m'irrite encore plus que l'indifférence qu'on me témoigne : faut-il être un homme pour qu'on tienne compte de vous et de vos avis ?

Dans ce salon de la rue Clément-Marot, d'un dîner à l'autre des gens connus se succèdent. Les uns parce qu'Émile Servan-Schreiber les a rencontrés avant-guerre, à l'époque où il parcourait le monde pour *L'Illustration*, et qu'une partie d'entre eux reviennent voir, en passant par chez lui, où en est cette France à la fois vaincue et victorieuse. D'autres, tel Georges Bidault, que les Servan-Schreiber ont aidés ou même hébergés à une période où ils étaient recherchés, leur ont conservé leur amitié.

Et puis il y a de nouveaux venus attirés par la renommée grandissante du nouvel éditorialiste de la presse française.

Mme Servan-Schreiber s'occupe des menus, toujours copieux, et, après le repas, elle fait donc asseoir les épouses près d'elle, autour d'une table ronde, dans la vaste pièce qui tient lieu de salon. Tandis que je transgresse le protocole pour rester proche de Jean-Jacques, lequel ne s'en offusque pas.

Au contraire, il me demande ensuite ce qu'il en a été de la discussion, s'il s'en est bien tiré, l'impression que j'en garde. J'ai envie de lui répondre comme on dit à un bon acteur après son spectacle : « Tu les as eus ! » Mais j'essaie d'être plus précise, d'évoquer quelques-uns des échanges où Jean-Jacques, après une intervention à la limite de l'insolence – ce qui me gêne, car j'ai le respect des « aînés » –, a trouvé moyen de rattraper son impolitesse par une plaisanterie, parfois à ses propres dépens. Et je vois son père rire sous cape.

En fait, devant un public qui reste amical, le futur polémiste affûte ses couteaux. C'est un aspect de sa personnalité que je ne connaissais pas et qui, par moments, m'inquiète, même si je salue la performance : n'est-il pas en train de tenter le diable ? Dans quel but ?

Quand ai-je pénétré pour la première fois aux *Deux-Magots*, au *Café de Flore* ? Très vite, je m'aperçois que les hommes et les femmes qui se trouvent là, à Saint-Germain-des-Prés, me sont plus proches que ceux que je rencontre ailleurs.

C'est par Marie-Pierre de Cossé-Brissac, la femme de Simon Nora, que je commence à faire la connaissance des « philosophes ». Elle habite avec Simon un petit appartement rue Bonaparte, et, ce jour-là, elle m'a donné rendez-vous à *La Rhumerie*, un café-bar que fréquente la gent littéraire de l'époque.

Bûcheuse – elle prépare son agrégation de philosophie –, la belle Marie-Pierre est en relation avec la frange la plus éminente des professeurs, penseurs, écrivains qui gravitent autour de Jean-Paul Sartre, de Simone de Beauvoir et de leur revue, *Les Temps modernes*.

J'erre un peu avant de repérer la célèbre *Rhumerie*, juste après l'église, côté pair du boulevard Saint-Germain, et je finis par apercevoir le large sourire de Marie-Pierre, attablée avec un jeune « philosophe » à lunettes, Jean-Bertrand Pontalis.

La conversation s'établit d'emblée à un niveau qui tout de suite m'enchante. Si je n'ai pas, comme eux, entrepris des études de philosophie ni de lettres – j'ai préféré le droit et l'anglais –, je lis tout ce qui paraît sous la signature de Sartre, de Beauvoir et aussi d'un penseur jusque-là peu connu, Maurice Merleau-Ponty.

Par ce bel après-midi de printemps, la terrasse de *La Rhumerie* est largement ouverte sur le boulevard alors peu roulant, et c'est comme si un grand souffle d'air frais, un vent du large venait jusqu'à moi. Depuis longtemps, me semble-t-il, je n'ai pas respiré aussi librement. Je me sens à l'aise et à mon affaire dans ce milieu hautement instruit, cultivé, qui lit tout et a tout lu – comme moi – et où l'on m'écoute comme on écoute tout le monde. Toutefois c'est Sartre qui mène le jeu, ô combien. C'est lui qui donne le ton : tout homme est respectable et toute femme, en quelque sorte, est un homme ! Quel contraste avec Orgeval où les hommes nous dominent encore !

Ma liaison avec ce milieu commence et ne fera que s'amplifier, s'intensifier dans un enrichissement continuel.

Au premier plan il y a les livres, les œuvres, les écrits, la parole souvent rebelle des uns et des autres, mais il y a surtout un grisant climat de liberté. En cela, d'ailleurs, je retrouve les convictions de Jean-Jacques : qu'elle soit individuelle ou collective, la liberté doit être le but primordial. Reste que les sartriens penseront longtemps qu'il faut araser la société existante, anéantir le capitalisme exploiteur. Et, pour y parvenir, ils n'hésiteront pas à se lier avec les communistes, et même le stalinisme... Ils en reviendront.

À *L'Express*, par la suite, nous étions plus modérés, quitte à passer pour des suppôts du capitalisme. Mais nous nous retrouvions avec les existentialistes – par le biais de la psychanalyse – sur un autre plan : celui de la recherche de la vérité... Sartre, pour son compte, pourfendait la « mauvaise foi ». Restait à la dénicher sous ses aspects les plus sournois – une quête difficile, trompeuse, qui me passionnait... et qui reste la mienne !

Nous rapprochait également une autre conviction que Simone de Beauvoir met en évidence quand elle relate cette époque dans *La Force des choses* et *La Force de l'âge* : pour nous, le but de l'existence et de tout travail sur soi, c'est le bonheur.

Dire que nous y sommes parvenus n'est malheureusement pas évident – l'amour, la passion vont inévitablement dévier, infléchir les relations entre les uns et les autres. Simone de Beauvoir en sera elle-même la victime étonnée, comme elle le raconte, entre autres, dans *L'Invitée*.

Qu'importe, nous avions la chance de participer ensemble à un monde nouveau où les femmes prenaient de plus en plus leur place sans être pour autant traitées de « putains » dès qu'elles quittaient le rôle – les enfants, le foyer –, que leur avait assigné une tradition encore renforcée par le pétainisme.

Bien sûr, sortir du rang, bafouer des interdits, présentait des risques. Toutefois, j'avais cette chance, laquelle chaque fois me retenait dans mes expériences ou me préservait tel un filet de sauvetage : la présence, l'appui, l'amour de Jean-Jacques.

Pendant que je découvre Saint-Germain-des-Prés et ses nouvelles libertés, Jean-Jacques rencontre le personnel politique auquel, avec une ardeur juvénile, il continue d'exposer ses idées, et, toujours en compagnie de Nora, Duhamel et parfois Giscard, de mettre au point son plan. Des plans.

Je m'y intéresse à peine plus qu'il ne me questionne sur mes fréquentations littéraires. C'est l'époque où, une fois par semaine – le rythme se ralentira avec les années –, la maison Gallimard, 17, rue de l'Université, ouvre ses portes et son jardin au petit monde littéraire. Je m'y rends en compagnie de Colette Duhamel qui, par ses liens avec La Table Ronde, connaît tous ceux qui gravitent autour de l'écriture.

Sans bien nous en rendre compte, Jean-Jacques et moi, dans cette société d'après-guerre en pleine effervescence, sommes en train de nous fabriquer mutuellement une sorte de réseau – mondain, politique, littéraire – qui va servir.

Le soir, nous nous rendons parfois au cinéma, jamais au théâtre : son rituel – entractes, applaudissements, rappels... – barbe Jean-Jacques et il me laisse y aller seule.

Jamais il ne limite mes sorties. Simplement, quand il me dit que nous sommes invités ici ou là, je lâche tout pour l'accompagner. J'ai un frisson de plaisir lorsqu'il me présente à quelqu'un en disant – fièrement – « ma femme ». Sans nom ni prénom. Il me semble que je ne suis rien d'autre, au fond de moi, et que cela me suffit. Amplement. Définitivement.

Un jour de novembre, il m'annonce : « Nous sommes invités chez René Julliard.

– Qui est-ce ?

– Un éditeur, quelqu'un d'actif, de remarquable, et sa femme, Gisèle, est une descendante de La Fayette. Ce sera chic, fais-toi belle… »

Mon élégance continue de tout devoir à ma mère qui me fait don de robes, de tailleurs, ou me prête les derniers modèles de ses collections. Maman aime habiller les autres, pas seulement ses filles, et il lui est même arrivé de prêter des robes du soir à Mme Servan-Schreiber qui les porte à merveille.

Entre ces deux familles, l'une dans le journalisme, l'autre dans la haute couture, nous sommes des enfants gâtés : les portes de la meilleure société nous sont ouvertes.

Mais il nous tient à cœur, à l'un comme à l'autre, d'en tirer quelque chose – même si nous ne savons pas encore quoi, ni comment.

Ce soir de 1951, nous nous rendons donc, sans expectative particulière, à ce dîner chez l'éditeur Julliard. Et c'est là que va se faire une rencontre importante pour la réalisation des projets encore flous de Jean-Jacques. Aussi pour le déroulement de notre histoire, sinon de notre amour.

C'est facilement que Jean-Jacques gare notre voiture – la 15 CV Citroën – devant la porte cochère de l'immeuble des Julliard.

Je porte un tailleur cintré de velours noir et suis coiffée « en arrière », front découvert, comme l'apprécient aussi bien Jean-Jacques que ma mère. Lui est dans l'un de ces costumes foncés, cravate noire, chemise bleue, dont il va se faire un uniforme, je l'ai déjà noté, pour remplacer celui d'aviateur américain qu'il appréciait tant.

Je me suis maquillée les lèvres, d'un rouge ardent, et j'ai les ongles recouverts d'un vernis assorti. Seuls bijoux : ma bague de fiançailles, volumineuse comme le veut l'époque, et le petit rang de perles que m'a offert ma mère pour mes dix-huit ans. Là aussi, c'est une sorte d'uniforme, celui de la jeune femme « bien ».

Au premier abord, le petit hôtel particulier de la rue de l'Université, où les belles demeures se côtoient, ne m'impressionne guère : c'est que, née dans le XVIe arrondissement, je suis plus familière des bâtiments modern-style – comme l'est le petit hôtel particulier de ma mère, semblable à celui de Madeleine Vionnet – que des bâtiments anciens. J'ai à découvrir ce que ces discrètes façades recèlent de trésors, de luxe et de beauté.

Mais, dès l'accueil du maître d'hôtel qui nous ouvre la porte et nous introduit dans les salons qu'éclairent des lustres de cristal, je suis transportée par cette élégance à l'ancienne qui transcende les styles et les modes. Elle a d'ailleurs commencé à plaire à ma mère : lassée de son mobilier 1930, elle rêve de commodes et de tables XVIIIe, de tapisseries et de tapis des Gobelins, de chandeliers d'argent, de vitrines où s'ébattent des ivoires et de délicates porcelaines... Tout ce qui se trouve ici.

Ce cadre raffiné – je n'en avais pas vu d'équivalent pendant la guerre – me plaît aussitôt et me donne envie de « bien me tenir ». (Longtemps je ferai, comme on me l'a appris au cours Lamartine, une courte – et insolente – révérence aux femmes que je juge plus âgées que moi.)

Jean-Jacques, lui, sort son sourire des grands jours : canines en avant, il va vers les personnages importants, les riches, les puissants qu'il repère aussitôt. À ses yeux, ce ne sont pas des ennemis ni des adversaires, mais des forces qu'il s'agit de capter pour les amener à servir dans son camp, à la réussite de ses projets – qui, pour l'heure, ne sont encore que du rêve. Mais, à partir de ce soir-là, ils vont trouver à prendre forme.

Tandis que je me laisse charmer par le décor et la grâce de la maîtresse de maison – Gisèle d'Assailly, blonde, étincelante, très mince, est tout en blanc, un écrin qui fait valoir ses très beaux bijoux –, Jean-Jacques, pour sa part, ne s'attarde pas aux apparences. Il s'apprête à chasser le « gibier », le gros, dont il a aussitôt perçu la présence. Ne fût-ce que par jeu, par divertissement : sinon, tout dîner « mondain » l'ennuie à mourir et il trouve un prétexte pour que nous nous éclipsions sitôt le dessert avalé...

Ici, il connaît déjà certains des invités, d'autres moins ou pas du tout, comme cette Mme Giroud, une petite brune un peu ronde aux grands yeux cernés de bistre, qu'on nous présente à tous deux.

Mais ce n'est pas vers elle que Jean-Jacques se tourne en premier avec cette conviction, cette sincérité dans la curiosité qu'il met en action dès qu'il est « en campagne », c'est à une autre femme, Gisèle d'Assailly, qu'il s'adresse.

En réalité, c'est son mari – l'éditeur René Julliard, influent dans la presse – qui intéresse Jean-Jacques. Or – et je ne sais d'où lui vient cette divination de ce qui fait marcher la société –, quand Jean-Jacques a besoin de l'appui d'un homme, c'est d'abord vers sa femme qu'il se tourne, c'est elle qu'il courtise.

Parfois elle est charmante, comme Gisèle Julliard, Lily Mendès France, Lucie Faure, parfois moins ; cela ne fait rien : avec un sens aigu de ce qui flatte les femmes, les épouses, il s'en fait des alliées.

Non qu'il leur parle de leur beauté, ni même de leur élégance, ni de leur charme ; il met en valeur ce qu'on néglige généralement chez elles : leur intelligence. Il cherche à découvrir si elles ont une activité personnelle en dehors de leur ménage, fût-ce un hobby – Lily peint, Lucie s'occupe d'une revue, *La Nef* – et ce qu'elles lui en confient semble aussitôt le passionner.

S'il le peut, si cela n'est pas excessif – parfois, cela l'est à mes yeux ! –, il les félicite de la bonne influence et du pouvoir positif qu'elles exercent sur leur mari, il en a la conviction. (Il n'est pas insincère, pour son compte il a le sentiment qu'il doit tout à sa mère qui serait, d'après lui, l'élément viril du couple de ses parents. Denise, en dehors du fait qu'elle s'occupe d'une œuvre, n'a pourtant pas de profession ni d'activité publique, mais son influence sur son mari est forte ; aussi Jean-Jacques présume-t-il qu'il en va de même dans tous les couples : en douce, c'est la femme qui commande... A-t-il si tort ?)

Le lendemain d'une réception, il envoie des fleurs à son hôtesse comme aux femmes auxquelles il a parlé, avec un petit mot aux termes choisis pour être personnel et sonner juste.

Ce jeu-là, j'y ai assisté maintes fois depuis que nous sortons dans ce Paris d'après-guerre qui se reconstitue, et, d'une certaine façon, je m'en amuse.

Reste que je me demande comment ces femmes, ou leurs maris, peuvent se laisser prendre à son manège de séduction – faut-il dire à sa stratégie ? –, tant c'est « gros », car il est pressé d'emporter la place, comme tous les conquérants !

Ce soir-là, il va en user aussi avec une autre – la femme brune qui, je finis comme lui par m'en apercevoir, le dévore des yeux – dès qu'il aura appris par Julliard quels appuis et quel poids elle a dans la presse : elle travaille pour Pierre et Hélène Lazareff !

Il est si jeune, si attrayant physiquement, son discours est si ardent – un nouveau Bonaparte, en quelque sorte –, qui peut résister au feu qu'une telle flamme dispense ?

D'autant qu'au premier abord, ce n'est pas une cour à intentions sexuelles qu'il fait à ces femmes – du moins la plupart du temps et ouvertement –, il rend hommage au meilleur d'elles-mêmes, à leur vraie personnalité, à leur talent resté injustement enfoui.

Car la plupart des femmes, à cette époque, sont automatiquement reléguées dans l'ombre. Aussi ce coup de projecteur inattendu que leur donne ce jeune et charmant garçon les emballe. Et les embellit... Le cas échéant, elles ne l'oublieront pas.

Pour moi, je sais d'expérience qu'il est inutile, dans ce milieu-là, de chercher à me mettre en avant. Ce n'est pas moi qui intéresse René Julliard ni les autres hommes, c'est mon mari.

Et je me contente d'apprécier le service, l'étiquette, la belle ordonnance du couvert. J'écoute aussi notre hôte, grand et mince, à la voix musicale, au discours intelligent autant que modeste et courtois. René Julliard a été un héros à bord de son avion de combat et ne porte pas ses décorations. Aidé de sa femme, il reçoit comme un prince, dont il a les moyens et les manières. Toutefois, son principal mérite est d'être un précurseur : en tant qu'éditeur, il devine que le goût du public est en train de changer, que le lectorat va s'élargir – aux jeunes, aux femmes. Il est plus que temps de lancer sur le marché de nouveaux auteurs.

Lui aussi, comme Jean-Jacques, a perçu que le pouvoir qui monte, à ce tournant du demi-siècle, ce sont les femmes. Dans son métier, il n'attend pas qu'elles lui apportent d'elles-mêmes des manuscrits – longtemps encore, elles seront rares à l'oser –, il les contacte, les sollicite. (Il le fera pour moi, me demandant de réunir mes interviews littéraires, et c'est chez lui que je publierai mon premier livre, *Les Écrivains en personne*.)

Son catalogue de l'époque est impressionnant par sa quantité d'auteurs féminins ; et si la plupart d'entre elles sont aujourd'hui oubliées, s'y trouvent aussi les phares, les futures stars, celles qui vont transformer la façon d'écrire, de lire, et aussi les mœurs : Françoise Mallet-Joris, Françoise Sagan, Marie Cardinal...

René Julliard a le flair pour distinguer les valeurs qui vont grimper, et ce n'est pas un hasard s'il a invité Jean-Jacques : il sait que cet homme de vingt-six ans fait partie de l'avenir. L'estime est réciproque : Jean-Jacques admire son talent de découvreur. Quand Julliard l'appelle au téléphone et qu'il s'exclame « Ah, c'est vous, René », je sens chez lui, ce qui est rare, une sorte de révérence.

Ce soir-là, ma première curiosité apaisée, je devine que je vais quelque peu m'ennuyer – comme il m'arrive la plupart du temps au cours de ces dîners priés. (Mais si je m'en souviens encore, c'est qu'il va faire histoire – pour plusieurs personnes, et aussi pour la presse française...) Je préfère à cette soi-disant élite parisienne mes amis de Saint-Germain-des-Prés et leur laisser-aller, ce qui n'empêche pas le brillant de leur conversation, moins mondaine et de plus haut niveau qu'ici.

Une chose, toutefois, a le don de m'amuser : voir Jean-Jacques faire son « numéro ». Il y excelle.

Soudain, à table, ou au moment du café et des liqueurs, à la personne – forcément un homme – qui parle avec componction du haut d'un magister vrai ou supposé, il pose « LA » question ! Celle qui va déstabiliser l'orateur ou l'obliger à sortir de lui, à laisser glisser le masque... En fait, à « répondre ». Ce qui provoque un léger embarras : la maîtresse de maison ne s'attend pas à ce qu'on parle « vrai », trop vrai, à sa table.

Mais Jean-Jacques est habile, il rattrape les propos trop cinglants, jongle avec, joue les naïfs, puis passe la main dans le dos de sa victime : « Ce que vous dites m'intéresse et me fait réfléchir ; vous permettez, je vais noter ! » Et de sortir sur la nappe damassée un petit carnet et son stylo.

Que ne pardonne-t-on pas à quelqu'un qui note vos paroles, une référence, ou votre adresse pour vous appeler plus tard en vue – prétendument – de poursuivre l'entretien !

Qui a-t-il ainsi taquiné, égratigné ce soir-là, ses yeux bleus grands ouverts pour exprimer une curiosité jouée ? Je ne sais plus. Mais il y avait de quoi renverser, séduire – moi, je l'étais déjà – une convive qui savait apprécier la griffe et le jeu de l'insolence, et qui rongeait encore son frein de n'être, même talentueuse, qu'une journaliste féminine et *people* : Mme Françoise Giroud.

Qu'elle se le soit ou non formulé ainsi, elle a dû penser : « Marié ou pas, cet homme-là, il me le faut ! »

D'autant qu'à ses yeux – c'est moi qui le présume –, sa jolie petite femme, laquelle s'affaissait sur son siège en retenant mal ses bâillements, ne devait pas peser bien lourd.

Il est minuit passé et, une fois franchie la porte des Julliard, je m'apprête à ce qui est pour moi le meilleur moment de nos soirées mondaines : les commentaires que Jean-Jacques et moi échangeons, pendant le retour, sur les uns et les autres...

Car si je n'ai rien dit, j'ai observé avec la férocité que me confère le fait de débuter dans un monde où, la plupart du temps, nous sommes les plus jeunes – c'est notre meilleur atout.

Pour le reste, pour ce qui est des pouvoirs et des institutions en place, je suis loin d'en mesurer les complexités. Critiquer est ma forme de revanche – celle de tous les jeunes – sur mon impuissance à discerner ce qui se joue autour de moi.

C'est donc avec entrain qu'avec Jean-Jacques – qui adore ça ! – je me dispose à dépecer, souvent injustement, nos hôtes et leurs invités.

D'habitude, lui-même s'en amuse, mon opinion recoupe le plus souvent la sienne, et rien ne rapproche comme de s'entendre sur le dos d'autrui !

Je compte ainsi reprendre par la parole ce contact avec mon mari que j'ai perdu pendant une couple d'heures – même s'il me souriait par-dessus la table – avant l'intimité du lit.

Mais, ce soir-là, se produit un événement que, sur l'instant, je ne m'explique pas. Muet, Jean-Jacques ne réagit pas à ma première remarque : c'est sans un mot qu'il met le moteur en marche, s'écarte du trottoir, roule dans la rue de l'Université jusqu'au boulevard Saint-Germain et la Seine.

Plus tard, je me suis dit qu'il devait avoir l'œil sur le rétroviseur, car à peine sommes-nous sur les quais de la rive gauche qu'une voiture nous frôle et nous double à grande vitesse. Comme s'il avait prévu le coup, Jean-Jacques aussitôt accélère. J'ai juste le temps d'apercevoir une femme au volant et mon mari sort enfin de son silence : « C'est Françoise Giroud. »

Il me revient que la dame était au dîner, mais je ne lui ai pas parlé et ne l'ai pas spécialement détaillée.

Jean-Jacques, qui circulait de groupe en groupe, a dû lui causer comme à la plupart des femmes présentes. Reste que celle-ci est venue seule à ce dîner – et en repart de même.

Cette situation, peu commune à l'époque, a-t-elle suffi pour que quelque chose de particulier se noue entre eux deux ?

Refoulé en seconde position, ce qu'il déteste, Jean-Jacques sourit, les masséters serrés, la mâchoire inférieure en avant comme lorsqu'il se prépare à attaquer : de fait, il appuie à fond sur l'accélérateur. La voiture fait un bond et bientôt rattrape celle qui nous précède pour la doubler à son tour. Nous allons vite, trop vite, j'ai peur et lui demande de ralentir – il n'en tient aucun compte.

La conductrice – cela, je l'enregistre avec netteté, ainsi qu'il arrive quand on se sent en danger, comme, au Brésil, avant le premier décollage du *Courlis* – nous rejoint à l'entrée du pont de l'Alma. Jean-Jacques freine et décélère afin qu'elle nous double à nouveau.

C'est sur la place de l'Alma que mon mari reprend sans difficulté – il conduit avec décision, comme il pilote – la tête de cette périlleuse compétition.

Il nous engage dans l'avenue du Président- Wilson puis, sans ralentir, tourne sur les chapeaux de roues dans la rue Freycinet qui rejoint l'avenue Pierre Ier-de-Serbie dont notre immeuble fait le coin.

Prise de court, l'autre voiture continue sur sa lancée vers le Trocadéro et l'avenue Raphaël ; j'apprendrai plus tard que la dame y vit avec sa mère et sa fille.

Dans l'ascenseur – nous logeons au cinquième –, je regarde Jean-Jacques. Il ne dit mot, puis laisse tomber : « Elle ne conduit pas mal. » Or, j'ai la prétention de conduire bien, moi aussi, et vite si je le veux. Alors, quoi d'exceptionnel à ce qu'une femme s'affirme au volant ? Si ce n'est pour épater qui veut bien se prêter au jeu.

Or, est-il encore d'âge à jouer aux courses de voitures dans Paris avec une quasi-inconnue ? La sagesse, le bon sens, de même que la courtoisie à mon égard auraient été de la laisser nous dépasser sans réagir !

Je ne cherche pas à voir plus loin. Sans doute suis-je lasse, heureuse aussi d'être, cette fois encore, rentrée sans casse. Car il m'est déjà arrivé de voir Jean-Jacques se lancer avec des hommes dans un duel à fleurets plus ou moins mouchetés – oral mais aussi parfois physique – dans le seul but d'affirmer une supériorité que moi, en tout cas, je ne lui conteste pas.

Un jour, sur l'autoroute de l'Ouest, en allant sur Orgeval, il a engagé ce genre de poursuite avec Jacques Duhamel, lequel, étant devant lui, obliquait à droite et à gauche pour l'empêcher de passer. Alors Jean-Jacques – il n'y avait pas de glissière de sécurité, à l'époque, au centre de l'autoroute – n'a pas hésité à franchir le petit rebord en ciment qui séparait les deux voies, pour prendre celle de gauche à contresens – la circulation, par bonheur, était nulle – et il a rattrapé et devancé sans difficulté celui qui lui refusait le passage.

Là aussi j'étais sa passagère et j'ai eu peur, mais le raisonner était impossible, toute parole risquait même d'augmenter sa rage d'aller au bout ; irritée, je me suis contentée de me cramponner.

Mais quand il a gagné l'une de ces vaines compétitions, il en paraît si heureux, il se montre si affectueux avec le vaincu !

Cette nuit-là, en le défiant dans les rues de Paris au volant de sa voiture, la conductrice a visé juste : elle l'a provoqué sur son terrain favori, celui du risque, du danger. La maligne ne pouvait mieux trouver pour accrocher l'attention de l'homme dont, dès ce soir-là, probablement, elle avait décidé de faire la conquête.

Nous n'avons jamais reparlé, lui et moi, de cet incident que je voulais mettre au compte de l'enfantillage : les garçons, n'est-ce pas, croupissent plus longtemps que les filles dans l'âge bête !

D'ailleurs, qu'ai-je à craindre ? C'est moi qui me trouve aux côtés de Jean-Jacques, c'est avec moi, sa femme, qu'il rentre et va passer la nuit comme chaque soir depuis notre mariage. Moi qu'il embrasse dans l'ascenseur...

Dans ce cas, pourquoi est-ce que je me souviens si bien de cette stupide course-poursuite sur les quais ?

Jean-Jacques pénètre en coup de vent – mais sait-il faire autrement ? – dans notre salon où je me suis allongée sur le divan rouge pour lire le nouveau roman de Simone de Beauvoir, *L'Invitée*. Une histoire de trio, qu'on dit autobiographique, qui m'étonne de même qu'il choque une partie du public : comment peut-on vivre l'amour à trois ?

« J'attends Françoise, me dit-il.

– Françoise ?

– Oui, Françoise Giroud... Nous allons travailler sur un projet de journal. »

Il me regarde de son œil bleu tantôt si enfantin et innocent – ni sa mère ni moi ne savons alors y résister –, tantôt glacial et perçant comme un stylet.

Là, c'est le petit garçon qui s'apprête à demander une permission, très importante pour lui, et qui n'aimerait pas qu'on la lui refuse.

« Bon, lui dis-je, elle arrive quand ?

– Tout de suite. Il vaudrait mieux qu'on ne soit pas dérangés, on va réfléchir aux maquettes... »

En dehors de moi il n'y a personne ici – plus tard, il y aura en permanence une à deux secrétaires, plus un chauffeur dans l'entrée.

« Tu n'as pas une course à faire ?

– Je peux aller voir Maman. »

La maison de couture de ma mère se trouve avenue George-V, à deux pas de chez nous, et quand j'y surgis, je suis toujours bien accueillie. Ma mère est généralement dans son petit studio dont la fenêtre donne sur l'avenue, en train d'essayer un modèle sur Marcelle ou Antoinette, ses mannequins à demeure. Elle poursuit son travail et, sans même se retourner, me demande mon avis. Si la toile n'est pas assez avancée, je n'en ai guère, mais quand la robe est presque achevée, je suis séduite par le tissu, la couleur, et le lui dis. Il arrive qu'elle me demande de l'enfiler pour juger de l'effet que cela fait sur moi – qui suis plus jeune que ses clientes habituelles.

Je ne sais pas que je vis alors une sorte de rêve, lequel va, hélas, se terminer par la maladie de ma mère. Jusque-là, c'est auprès d'elle, dans ce cadre raffiné, ravissant, que j'acquiers le goût de la mode et de son renouvellement. Cette passion de la couture ne m'aura jamais quittée, c'est ma façon de me sentir proche de ma mère avec laquelle, sinon, je communique peu, ou mal. Maman s'exprime par des formes, des tissus, des couleurs, la parole ne lui sert qu'à baliser le chemin devant elle, pas à s'interroger sur ce qu'elle ressent au fond d'elle-même.

C'est donc dans un sentiment ambigu que je me rends avenue George-V : je sais que l'amour m'y attend, mais c'est un amour qui n'a pas de mots pour s'exprimer... Aussi, quand je suis inquiète ou malheureuse, ce n'est pas à ma mère que je vais le confier. À personne, d'ailleurs, en dehors de mes cahiers...

J'enfile un manteau, prends mon sac après m'être remis du rouge à lèvres devant la glace de la salle de bains, mais, au moment où je vais sortir, on sonne à la porte. Jean-Jacques passe devant moi pour aller ouvrir. C'est Françoise Giroud.

Elle lève un visage souriant vers lui (elle est pas mal plus petite), puis elle m'aperçoit, sourit plus largement encore :

« Bonjour, Madeleine, vous allez bien ?
– Bonjour, Françoise, je sors, je vais voir ma mère. Je vous laisse travailler… »

Elle est vêtue d'une petite robe de lainage qui met en évidence la particularité de ses formes : « un buste puissant sur des jambes minces », jugera Jean-Jacques. Pas du tout le genre de silhouette qu'apprécie ma mère qui travaille à mettre en évidence des tailles de guêpe.

« Entrez, Françoise, lui dit-il en se retournant vers moi pour m'embrasser. À tout à l'heure, mon Pussy ; on dîne avec les Duhamel, n'oublie pas… »

Il a posé sa main sur mon épaule, je ne dis pas qu'il me pousse vers le palier, mais presque.

Je ne ressens rien qui puisse me chiffonner. J'ai assisté à une ou deux de leurs premières discussions et j'ai eu du mal à suivre. Puis je me suis fait la réflexion qu'on bâtissait un journal exactement comme on crée une robe : avec patrons, essayages, retouches… Or la couture non plus n'est pas mon domaine. Du moins pour ce qui est de la fabrication.

Et puis, si j'aime les robes, je n'arrive pas à attacher du prix à l'objet-journal : pour moi, le journal est quelque chose que l'on jette presque sitôt après l'avoir acheté. Ce que fait Jean-Jacques qui en emplit les corbeilles à papier de la maison.

Sans compter que ma mère, comme Vionnet, comme Chanel, est d'origine paysanne, et, à la campagne, le papier journal sert à emballer des denrées, à allumer le feu, voire pire encore... Et quand on est dans la couture et qu'on manie tout le jour des tissus délicats et précieux, on redoute ce papier encré qui laisse des traces sur les doigts... On lui préfère de loin le papier de soie !

Je longe l'avenue Pierre-Ier-de-Serbie, traverse l'avenue Marceau, tourne à ma droite le coin de l'avenue George-V. Après l'Église américaine, il y a la haute porte cochère que je connais bien, puis la porte vitrée qui conduit à l'élégante rampe de fer forgé de l'escalier que je gravis en courant : la maison de couture est au premier.

Dans l'entrée, une table gainée de parchemin sur laquelle est posé un bronze, un gladiateur demi-nu. Les murs du grand salon sont recouverts de tentures blanches dans un tissu mat appelé « peau d'ange ». Les chaises légères destinées aux clientes sont dorées. Tout est beau ici et tout le monde me sourit. Je me sens chez moi.

Je m'assieds sur un tabouret derrière Maman qui est en train d'essayer sur la rousse Antoinette un tailleur à basque courte dans un lainage gris et violet qui me plaît d'emblée : j'espère qu'elle voudra bien me le faire répéter ; ou me donner le modèle, repris à mes mesures, après la collection. Son allure plaira à Jean-Jacques...

Maman poursuit son travail sur les modèles qu'une « première » lui apporte, repliés sur son bras. Je m'ennuie un peu, car je n'ai rien à faire. Tout à l'heure, je vais rentrer à la maison. Françoise sera-t-elle encore là ?

Ce qui compte, ce soir, c'est que nous allons dîner avec Jacques et Colette. Avec eux je me sens à mon aise. Françoise Giroud, elle, me paraît d'une autre espèce, plus âgée déjà, et avec une drôle de voix aux accents souvent perchés. Elle ne me dit que des choses gentilles, pourtant j'ai toujours l'impression, à voir virevolter son regard, qu'elle juge de tout et va soudain se montrer sèche et autoritaire, donner des ordres – avec ce sourire qui ne la quitte pas. C'est rare, les gens qui parviennent à sourire en même temps qu'ils parlent...

Quelle drôle de boîte – faut-il dire « cube » ? – que le petit hôtel particulier où j'ai passé mon enfance et mon adolescence ! C'est à la fin des années vingt, à la demande de mes parents, qu'il a été construit et installé par l'un des plus grands architectes Arts déco de l'époque, Chaneau, en même temps qu'un autre, plus petit et presque identique, près de l'avenue Mozart, pour Madeleine Vionnet.

J'en visitais le chantier la main dans celle de mon père, bien incapable de me rendre compte qu'il s'agissait d'un bijou, l'un des petits chefs-d'œuvre d'une nouvelle architecture alors en pleine expansion.

Je m'inquiétais seulement des énormes brèches laissées un peu partout dans les murs, qui allaient donner place à d'immenses baies rectangulaires : l'art nouveau tenait à favoriser la lumière.

D'ailleurs, tout chez nous était lumière, parfois trop crue, tombant sur des angles droits ou aigus. Aucune moulure, peu ou pas de courbes. Un cadre sublimé, mais pas toujours accueillant pour des enfants : ainsi la peinture des murs, travaillée à la brosse, nous écorchait les coudes, à ma sœur et à moi, et quelle froideur reflétaient ces portes et ces panneaux tout en miroirs, de même que ces plaques de marbre disposées un peu partout... Pas de bibelots, à part quelques bronzes et des vases de Lalique. Toutefois, les gros fauteuils et les divans en peau de porc où nous nous enfouissions tout entières étaient vastes « comme des tombeaux »...

Je n'en saisis le côté exceptionnel qu'à l'étonnement plus ou moins admiratif des autres membres de la famille et des visiteurs qui ont tous droit à un « tour guidé ». Comme ce soir de 1952 où chacun s'exclame dès l'entrée !

Est-ce à notre demande, à Jean-Jacques et à moi, que Maman donne cette fête en tenue de soirée, pour nous et nos amis, square Pétrarque ? Le cadre et son espace s'y prêtent, c'est d'ailleurs là qu'a eu lieu la réception donnée pour notre mariage, il y a cinq ans.

J'accueille les visiteurs dans le hall dallé de carrés de mosaïque noirs et blancs, j'étrenne une magnifique robe du soir de satin jaune ambré, décolletée à mi-dos, la taille marquée par des pinces. La jupe, qui prend assez bas, est immense : je dois la soulever à deux mains pour monter au premier où sont les salons. En passant, je me considère dans toutes les glaces – des panneaux muraux qui montent jusqu'au plafond. Au rez-de-chaussée, il y a celles de la salle à manger qui se font face, une autre reflète l'escalier ; au premier, ce sont les grands miroirs du salon bleu.

Est-ce que je me plais ? Tant que j'ai habité ici, ces glaces m'ont surtout servi à vérifier mon existence. À l'instar des yeux de Maman... Ce soir, ma mère me contemple avec satisfaction. Jean-Jacques aussi, je le sais, est fier de mon apparence, et je surprends des regards étonnés chez certains de nos invités qui ne m'avaient encore jamais vue en tenue de bal.

Parmi eux, Françoise Giroud : cela ne fait pas tellement longtemps que nous la connaissons – en fait, que Jean-Jacques travaille avec elle – et il a été content de l'inviter à cette fête qu'on pourrait dire de l'élégance, offerte par sa belle-mère.

Sans doute est-elle en noir, comme d'habitude, et je ne me souviens pas de m'être attardée à lui parler : c'est que je vais de groupe en groupe. Jacques et Colette Duhamel, nos plus proches amis, sont présents et sont même arrivés avant l'heure. Colette, quelle que soit sa tenue, est éblouissante, ce qui me fait plaisir. Jacques est en smoking, comme tous les hommes, et porte un œillet noir à la boutonnière. Ma tante Gabrielle, la sœur de ma mère, qui l'adore, se précipite pour le lui arracher : « Jacques, jamais de fleur noire à la boutonnière, cela porte malheur ! »

Pourquoi est-ce que je me souviens de cet incident ? Je me rappelle aussi Jacques passant derrière moi, effleurant mon décolleté et me disant : « Tu as un joli dos... » C'est la première fois que quelqu'un fait allusion à mon dos, en plus pour m'en faire compliment ! Jean-Jacques, lui, ne m'en fait jamais aucun, sur aucune partie de mon corps et ne m'a même jamais dit « Tu es jolie » ! À l'entendre, je suis seulement bien ou mal habillée, bien ou mal coiffée...

Maman, comme à son habitude, a magnifiquement fait les choses : le buffet servi sur la table en marbre de la salle à manger est somptueux, et plusieurs domestiques montent et descendent l'escalier avec des plateaux chargés de coupes de champagne, d'orangeade, de vins fins.

Partout les vases de Lalique sont emplis des fleurs de l'époque – roses, tulipes, glaïeuls.

Je ne bois jamais une goutte d'alcool, Jean-Jacques non plus, et je suis étonnée qu'il n'en aille pas de même pour tous nos amis. Non qu'ils en abusent, mais la plupart semblent apprécier ces breuvages que je trouve si mauvais au goût.

Un pick-up tourne et quelqu'un se charge d'y placer des disques de jazz, des chansons douces. Bientôt nous dansons. La plupart des jeunes hommes de notre connaissance sont là, tous m'invitent et j'ai plaisir à me trouver dans leurs bras, je me sens la reine de la fête.

Pour cette fois encore, une dernière fois, et grâce à ma mère... Peu de temps plus tard, elle va en effet sombrer dans la maladie. Mais, ce jour-là, elle est, je le sens, aussi heureuse que moi ; elle réalise son souhait le plus cher : depuis son entrée dans la couture à dix-huit ans, Maman a œuvré pour que la vie, celle des femmes, puisse n'être qu'une fête... Elle a fait ruisseler le lamé, la mousseline, le velours, le satin, la soie, les magnifiques broderies de Lesage – père de l'actuel François Lesage – sur le corps des plus belles femmes du monde, et aussi des autres... Même la guerre ne l'a pas arrêtée dans son effort obstiné pour rendre le monde moins laid, plus féerique.

Aujourd'hui il l'est : chez elle, dans ses murs, autour d'elle et de sa fille... Et la plupart de ceux qui nous entourent forment une cour de jeunesse et de beauté.

Quel souvenir ont-ils gardé de cette soirée unique, hors du temps, dernier éclat d'un monde qui allait s'abolir – en tout cas pour moi ?

Quand nous en avons reparlé, Maman m'a amusée : « Qui donc est cette Mme Giroud ? Je ne sais pas pourquoi, mais elle s'obstinait à me parler de son mari qui est réalisateur de films en Italie. Cela m'était bien égal, puisqu'il n'était pas là... »

Françoise cherchait-elle à convaincre Maman, qui n'en avait cure – surtout ce jour-là où tout lui semblait triomphal –, qu'elle n'était pas à la poursuite de son gendre puisqu'elle était déjà mariée ?

Peu importe : le temps a tout dévoré. J'ai retrouvé ma robe jaune dans une panière du grenier de la maison du Limousin ; elle tombe en poussière...

Du temps passe, et, cet après-midi, je suis assise à l'arrière de notre voiture garée avenue Foch, devant l'immeuble qu'habitent alors les Lazareff, et j'attends. Hélène Lazareff dirige *Elle* avec la collaboration de Françoise Giroud, et Pierre Lazareff est le directeur du plus grand quotidien de l'époque, *France-Soir*.

C'est lui que Françoise et Jean-Jacques sont venus consulter en lui apportant les dernières maquettes de l'hebdomadaire sur lequel ils ont travaillé et qu'ils considèrent comme au point.

Le rendez-vous a été pris au domicile de Pierre Lazareff, et non à son bureau, afin que rien de ce projet tenu secret ne s'ébruite.

Cela fait des semaines que Jean-Jacques et Françoise réfléchissent ensemble à la forme qu'ils veulent donner à ce futur hebdomadaire. Sur de larges feuilles de papier, ils dessinent et font dessiner par des metteurs en pages des maquettes que Jean-Jacques me soumet jour après jour : « Qu'en penses-tu ? »

Je suis bien en peine d'émettre une opinion… Il y a si peu de temps que je lis les journaux et m'y intéresse ! En fait, depuis que je le connais et qu'il m'y contraint en me les fourrant entre les mains : « Lis cet article et résume-le-moi ! »

Si ma mère n'achète pas la presse, ce n'est pas seulement par rejet du papier journal, trop ordinaire à son goût ; sa répugnance vise également ce qu'il véhicule : de son point de vue exigeant d'artisane, il y a dans le contenu d'un journal quelque chose qui salit l'esprit. Pendant la guerre, à Megève, ma tante, à l'instar de ses amis, avait cessé de lire les journaux : on savait que tout n'y était que faussetés, propagande, mensonges du nazisme et de la collaboration. Donc à fuir.

Or voilà que mon jeune mari ne peut vivre sans sa ration quotidienne de journaux ! Il lui en faut le matin, l'après-midi, il en lit tout le temps, à table, en marchant, dès qu'il s'est procuré au kiosque le plus frais paru.

Maintenant, ce ne sont plus seulement les rêves de la falaise : il entreprend pour de bon d'en créer un !

Est-ce que j'approuve ? Je ne me pose pas la question ; je l'accompagne, comme partout, comme toujours. En public, nous nous tenons par la main, à la maison il désire que je sois dans la même pièce que lui, à lire ou à dessiner. Nous ne nous quittons pratiquement jamais, sauf lorsqu'il va à ses rendez-vous de travail, et il me demande alors de rester dans la voiture à l'attendre. Comme aujourd'hui.

Je me plie facilement à son exigence, qui n'est jamais autoritairement exprimée ; j'y vois un désir d'amour qui répond au mien. Et qu'ai-je de mieux à faire qu'être avec lui ? À le voir bouger, agir, à l'entendre parler ?... Le pli est pris : ce que veut Jean-Jacques fait loi. C'est pourquoi j'admets qu'il se soit adjoint une femme, laquelle contrairement à moi, évolue dans le domaine de la presse comme un poisson dans l'eau...

Dans ces conditions, je ne peux m'affecter de leur relation qui se traduit – à ce que j'en vois – par de longues conversations professionnelles au téléphone ou en ma présence (si je suis là).

Par discrétion, ennui aussi, je me tiens à distance de ce qui m'apparaît comme du ressassement. Assorti d'un étalage de chiffres auxquels je ne saisis rien... Quand c'est à la maison que sa collaboratrice vient discuter avec lui de sa voix par moments haut perchée, comme si elle jouait à la petite fille, au bout d'un moment je m'en vais.

Aujourd'hui, je suis satisfaite qu'on ne m'ait pas priée de monter avec eux chez Pierre Lazareff, je préfère rêver en regardant les arbres de cette magnifique avenue Foch où, sur une allée sablée, passent quelques cavaliers.

Quand ils ressortent de l'immeuble et remontent dans la voiture, tous deux me semblent abattus. Jean-Jacques m'informe rapidement que le patron de *France-Soir*, spécialiste de la grande presse populaire, leur a déclaré que leur projet, tel qu'ils l'ont conçu et mis en maquette, est une erreur irréalisable, et ne pourra jamais marcher ; le format est trop petit, les lecteurs français n'aiment que les journaux de grande taille, les articles tels qu'ils les conçoivent sont trop courts, et le reste à l'avenant...

Ainsi l'expert, le maître en journalisme – *France-Soir*, à l'époque, mène le train – leur déconseille d'aller de l'avant ?

Jean-Jacques reprend le volant en direction de l'Arc de triomphe. Après qu'ils ont échangé quelques mots, je comprends néanmoins que le projet est loin d'être enterré. Leur détermination reste entière : ce journal, ils vont le faire tel qu'ils l'ont conçu !

Et c'est par ce biais-là, celui du refus de l'opinion d'autrui, fût-ce celle d'un as en la matière, de leur courage à ne pas tenir compte de l'avis général – il n'y a pas eu que Lazareff pour tenter de les dissuader de créer ce journal –, que ces deux-là vont me rallier à leur cause et m'embarquer dans leur projet.

Tout le monde est contre eux ? Je serai avec eux ! Toute vérité par trop nouvelle ne commence-t-elle pas par être rejetée ?

Dès lors, j'écoute leurs propos, je considère les maquettes, j'examine les « numéros zéro ». J'entre en apprentissage et en gestation. Avec des « pros ».

Quand une clé tourne vivement dans la serrure, je sais que c'est lui et, comme à chaque fois, mon cœur bat. « Pussy ! » s'écrie-t-il en claquant la porte si violemment que les voisins finiront par s'en plaindre ! Il se débarrasse de l'écharpe blanche dont il s'entoure le cou et s'apprête à me chercher dans toutes les pièces – mais inutile, je suis devant lui ! Il m'embrasse, me prend par la main, m'entraîne dans son bureau, y pose sa serviette, celle sur laquelle je veille au cours de nos voyages et dont il ne changera jamais : une fois qu'il a fait sien un objet, il n'imagine pas de le remplacer par un autre, fût-il plus neuf. C'est sa forme de fidélité.

Il est debout devant son fauteuil, je m'assieds sur un coin du bureau : « Que penses-tu du mot *Express* ? d'appeler le journal *L'Express* ? »

Depuis la visite chez Pierre Lazareff et son verdict négatif, j'examine les « numéros zéro », j'écoute ses conversations avec Françoise Giroud et je progresse. De là à savoir quel titre porteur il convient de donner à un journal...

Mon premier mouvement est d'en juger d'après les critères de l'élégance, qui sont les seuls qu'on m'ait inculqués jusque-là, et je ne vois pas ma mère appeler l'une de ses robes ou l'ensemble de sa collection « L'Express » ! Je le déclare tout net à Jean-Jacques :

« Je trouve ce mot un peu ordinaire, cela fait chef de gare ; or ce n'est pas un train qu'on va lancer, que je sache... »

Il me rétorque : « Françoise trouve que *L'Express*, c'est bon. » Le titre est d'ailleurs une suggestion de son propre père dont le journal, qui marche si bien, s'appelle *Les Échos*. Les deux appellations se valent, non ? Court, facile à retenir dans toutes les langues... Avec un double S au bout, comme un rappel de Servan-Schreiber.

Pour ce que je m'y connais en presse, que vaut mon avis... ? Et si Françoise approuve... Alors, va pour *L'Express* !

Tous deux travaillent d'arrache-pied, je le constate plusieurs fois par jour, déjà au téléphone, et quand elle vient à la maison, je les vois plancher des heures durant... À croire qu'ils cherchent à s'épater mutuellement, c'est à qui veillera le plus tard le soir, aura des idées en pleine nuit... Est-ce une façon de continuer leur compétition automobile, chacun pilotant contre l'autre son propre véhicule ? Ils sont ensemble sans l'être... Ils se vouvoient, le feront toujours, et poursuivent ostensiblement leur vie de famille. Quand je suis à Paris, Jean-Jacques n'omettra jamais – sauf certains week-end dits « de travail » – de rentrer tous les soirs se coucher contre moi.

La nouveauté est que je le sens heureux, excité, enthousiaste, enfin à son affaire.

Et moi ? Ce n'est pas une mauvaise période, loin de là, c'est un commencement, et tous les commencements ruissellent de promesses...

D'autant que nous débordons de l'énergie de la jeunesse : Jean-Jacques a vingt-sept ans, Françoise est dans l'épanouissement de sa mi-trentaine. Nos amis, que Jean-Jacques a présentés à Françoise et dont certains, comme Jacques Duhamel et Simon Nora, collaborent activement au projet de journal, ont eux aussi moins de quarante ans.

Si j'insiste sur notre âge, c'est qu'être entourée d'autant d'êtres jeunes et brillants, préparant leur envol, est pour moi un bonheur – même si je ne me le formule pas. Il se passe enfin quelque chose, mon univers se peuple, se colore... Pour rien au monde je ne voudrais être ailleurs.

Quant à Françoise, jusque-là elle ne fréquentait pas ce milieu-là, celui de l'élite intellectuelle de la nouvelle génération. Elle avait surtout travaillé dans le cinéma, comme script-girl et scénariste, et dans la presse *people* où elle faisait de vifs portraits pour *France-Dimanche* ; avec Hélène Lazareff, elle dirigeait le magazine féminin *Elle*. Avec son sens aigu de l'opportunité – c'est en soi un talent –, elle avait dû percevoir qu'elle pouvait entrer dans un monde différent en aidant Jean-Jacques à réaliser son projet.

Y parviendrait-il sans elle ? Elle est plus que lui une professionnelle de la presse, elle en connaît les rouages, la technique et sait trouver les formules, verbales et graphiques, qui plaisent au grand public. S'ils réussissent leur coup, un monde nouveau s'ouvrira à leur double ambition.

Jean-Jacques est beau garçon, et il lui plaît en tant que tel, comme à nous toutes, mais il est aussi son atout maître. N'a-t-il pas commencé à rassembler autour de lui les futures « lumières » de l'époque ? C'est l'hameçon : plus tard, il y aura Mendès France, Gaston

Defferre, François Mauriac, bien d'autres... Déjà Jean-Jacques en rêve, prend certains contacts.

De quoi décupler l'ardeur d'une femme qui connaît ses propres capacités tout comme les obstacles à franchir : seule elle a déjà fait un bon bout de chemin, mais elle est loin d'avoir donné sa pleine mesure. Jean-Jacques écrira dans *Passions* : « Françoise Giroud a été la chance de *L'Express*. » C'est vrai. Mais Jean-Jacques et *L'Express* aussi auront été la chance de Françoise...

Jean-Jacques regorge d'idées neuves – il en a des dizaines par jour – et Françoise sait retenir celles qui lui paraissent pouvoir se réaliser, et elle met tout en œuvre pour les concrétiser. C'est de ces deux talents d'exception et complémentaires que va surgir *L'Express*.

Ai-je contribué à sa naissance ? J'encourage, j'assiste au plus près, surtout j'accorde à Jean-Jacques toute la liberté dont il a besoin... Me plaindre n'est d'ailleurs pas dans mes cordes. Ne le sera jamais. Pas plus qu'exiger. « Tu ne sais pas te défendre », me dira des années plus tard Françoise Dolto. Mais qu'aurais-je pu faire, face à cette puissante double machine en marche ? Je n'ai pas tenté de la stopper, pas plus que d'empêcher naguère Jean-Jacques de faire décoller le *Courlis*... Au contraire, je suis montée dedans !

Je parle du projet à mon père, à ma mère ; ils ne comprennent pas, bien sûr... Pas plus que Lazareff. Peut-être, sans me le dire, se demandent-ils dans quelle galère mon jeune mari est en train de m'embarquer. Il est sûr que le genre de vie que nous menons ne leur paraît pas souhaitable : ils aimeraient pour leur fille une existence plus mondaine, plus pleine de plaisirs, de voyages d'agrément, éventuellement de vacances... Et un époux fidèle. Reste qu'il n'en est pas question.

Ce qui fait que, chaque fois que je vais chez les miens, j'ai le sentiment d'avoir à plaider ma cause, c'est-à-dire celle de Jean-Jacques : mais oui, tout va bien, je suis satisfaite, et si curieuse de ce qui se prépare... Me croient-ils ? On parle d'autre chose.

En ces premiers mois de l'année 1953, le futur hebdomadaire, dont les maquettes en rouge et bleu, les « numéros zéro » s'accumulent à la maison, reste le mal aimé...

J'entre d'une traite dans le petit bureau, une pièce sans fenêtre que les deux « têtes » de notre rédaction occupent aux *Échos*, le journal du père et de l'oncle de Jean-Jacques.

Pour fabriquer notre nouveau journal – qui s'appelle en sous-titre *Les Échos du samedi* –, Robert et Émile Servan-Schreiber nous ont alloué deux pièces dans leur propre local, situé au tout début des Champs-Élysées : la grande, équipée d'une vaste table qui sert au déploiement des documents, des morasses, des photos, et sur laquelle on mange après l'avoir débarrassée du travail en cours ; une autre plus petite et sans fenêtre.

C'est là que travaillent Françoise et Jean-Jacques, assis face à face à un même bureau. La porte est toujours ouverte. « J'apporte mon article », dis-je en tendant la feuille dactylographiée sur laquelle j'ai tapé à la maison le compte rendu d'un livre qui vient de sortir. Jean-Jacques est de dos, Françoise me fait face et me sourit largement. Jean-Jacques s'empare de la feuille, barre deux mots, change le titre.

« Ça va comme ça, me dit-il, puis il le passe à Françoise.

– C'est bien, Madeleine, dit Françoise après y avoir jeté un bref coup d'œil. Pouvez-vous aller voir un film, cet après-midi ? Nous avons besoin d'une critique tout de suite. Quelques lignes. »

J'ai le sentiment – rassurant – d'être en classe : on me donne un devoir à faire, je m'exécute, puis je soumets mon travail à l'approbation ou à la critique de ceux qui me l'ont commandé.

Nous en sommes au troisième numéro de *L'Express*. Nous ne sommes pas plus de sept à fournir de la copie – et il en faut.

J'avais déjà contribué au « numéro zéro » et le fait que les suivants soient en vente ne me change guère : c'est pour Jean-Jacques et à sa demande que j'écris.

Personne n'a signé dans le premier numéro daté du 16 mai 1953. Même pas Jean-Jacques qui a écrit l'éditorial intitulé *Dans la course*. Ni Françoise qui a rédigé une exhortation à *L'homme qui nous lira* (je remarque *a posteriori* qu'il n'est pas question des femmes...). Une personnalité est longuement interviewée : Pierre Mendès France, qui réclame comme seule issue à la guerre d'Indochine la négociation.

Pour moi, j'ai rédigé trois notules culturelles, et bien sûr anonymement. Ce qui fait que je n'ai ni trac ni appréhension à me voir imprimée : si on me lit, on ne saura pas que c'est moi.

L'idée d'être ou de devenir journaliste ne me traverse pas l'esprit, et quand mon beau-père me tend ma carte professionnelle, qu'il a demandée pour moi, et m'apprend qu'il m'a déclarée à une caisse de retraite, je tombe des nues. Je me dis que ce sont là les réflexes de la génération précédente : bureaucratie, administration, ordre... et aussi fichage !

J'ai plutôt le sentiment de participer à un drôle de jeu qui monopolise complètement mon mari et certains de nos amis, comme Jacques Duhamel et Simon Nora. Autant y jouer moi aussi si je ne veux pas me retrouver exclue... D'autant que cela ne me semble pas très difficile. J'écris d'une traite, sans rature, avec une clarté et une détermination – un toupet, même – que je n'ai pas quand je parle. Et puisque on me dit que c'est « bien »...

Oui, autant écrire... en attendant je ne sais quoi !

Mais voici qu'en très peu de numéros, le journal se voit confronté aux événements d'Algérie. Jean-Jacques fait tout de suite prendre à *L'Express* des positions tranchées en faveur de l'indépendance que réclament les Algériens et à laquelle s'opposent violemment les colons. Et il condamne la répression comme une grave erreur humaine et politique.

De telles opinions, qui apparaissent à certains comme inadmissibles, scandaleuses, ne peuvent s'exprimer sous le couvert de l'anonymat, et il est donc décidé que nous allons désormais tous signer nos écrits. Je me souviens de mon trouble à voir pour la première fois mon nom en toutes lettres au bas d'un article. J'étais contente – on avait donc jugé que ce que j'écrivais méritait d'être diffusé –, mais aussi inquiète : est-ce que des lecteurs n'allaient pas écrire au journal pour protester ?

Longtemps j'ai éprouvé cette crainte qui venait, je crois, du sentiment que j'avais qu'être imprimé dans un journal, surtout lorsqu'on est une femme, était un privilège rare – ça l'était ! –, presque une sorte d'usurpation... Je prenais la place de quelqu'un, je ne savais de qui, probablement d'un homme qui en savait forcément plus long que moi...

Pourtant, quand je lisais un livre ou un autre, aussitôt une opinion se formulait en moi, ferme et nette, convaincue... Plus tard, quand j'affronterais en personne les grands écrivains, là aussi, comme devant leurs livres, je me sentirais sans timidité : nous étions à égalité devant l'essentiel – l'être, les mystères de la vie, l'infini du temps... C'était d'ailleurs ce que je cherchais dans les livres, la réponse à ces questions fondamentales, des aveux intimes sur ce qu'un autre, plus avancé que moi par son âge, son œuvre, sa réflexion, ressentait devant ce miracle : être en vie.

En fait, je suis longtemps restée une adolescente, à remuer de grandes questions philosophiques. Ce qui fait que, dès les débuts de *L'Express*, qui étaient aussi les miens, d'emblée j'ai été branchée sur un écrivain comme Beckett, plus tard sur Lacan, Foucault, Deleuze, que j'ai interviewés et fréquentés.

Quoi qu'il en soit, mes articles passaient tels quels. Les lecteurs n'écrivaient pas pour protester, du moins à mon sujet. Françoise, qui avait pris en main la partie culturelle du journal, les acceptait sans discussion et sans guère de coupures. J'eus même quelque temps une chronique littéraire publiée dans un encadré.

Ce qui fit qu'à l'extérieur du journal, on me croyait du pouvoir. Je n'en voulais pas, me contentant d'être là, auprès de Jean-Jacques et de Françoise auxquels je pouvais dire sans ambages ce que je pensais et ressentais du contenu du journal, aussi de ses collaborateurs. C'est avoir de l'influence, à défaut de pouvoir, et, dans certains cas, elle peut être grande.

En relisant *L'Invitée* et aussi *La Force de l'âge* je me suis intéressée à Olga, cette jeune femme lisse, craintive, perpétuellement dans l'émotion, qui finit par avoir une énorme importance d'abord pour Simone de Beauvoir, puis pour Sartre. Tous deux étaient des bêtes de somme perpétuellement au travail, des puits de science et de culture ; Olga, elle, n'était rien qu'une sensibilité qui, tel un papillon, volette sans y toucher autour des êtres et des choses, et se maintient ainsi dans l'essentiel...

Dirais-je de moi que j'étais un peu ce papillon-là (parfois aussi la mouche du coche) ? À la fois ailleurs et toujours là ? Une amie psychanalyste me fait cette remarque en forme de compliment : « Tu étais leur transcendance. » Si c'est vrai, je ne le faisais pas exprès ; je cherchais seulement ma place en ce monde de l'urgence.

Quelle était-elle ?

Pour ce soir, il m'a dit qu'il risquait de rentrer tard tant il a de travail au journal sur la longue étude, avec interview, que *L'Express* consacre dans le prochain numéro à Mendès France. « Mendès » comme dit Jean-Jacques. Quand il lui parle au téléphone, il lui arrive de l'appeler Pierre... Mais quand Mendès France sera au pouvoir, ce sera « Monsieur le Président ». Jean-Jacques respecte les formes. Il vouvoiera toujours Françoise Giroud.

Nous avons déjeuné chez ses parents avec son frère et ses sœurs, comme tous les mercredis ; c'est lui, le plus souvent qui monopolise la conversation et il y a de quoi faire : il raconte le déroulement de la croissance de *L'Express*, laquelle nous surprend tous par sa rapidité. Ensuite il est allé au journal tout proche et j'ai pris la voiture pour me rendre à Saint-Germain-des-Près où j'ai rendez-vous avec Marie-Pierre et d'autres du « clan des philosophes », Claude Lefort, Cornélius Castoriadis.

À mon retour j'ai appelé Jean-Jacques sur sa ligne directe et il m'a confirmé qu'il avait encore des textes à vérifier. Je suppose que Françoise est avec lui. Fatiguée de ma journée, je me couche sans plus l'attendre. Très vite je somnole et c'est à peine si j'entends le bruit tardif de sa clé dans la serrure, il pousse la porte de la chambre, voit que je suis dans le lit. « Bonsoir » dis-je faiblement. « Dors, mon Pussy, j'arrive... »

Il va dans la salle de bains, se déshabille et, après avoir détaché sa montre-bracelet qu'il pose sur la table de nuit, il vient se glisser contre moi. Je me retourne, me serre contre lui, grogne un peu de satisfaction et sombre vraiment dans le sommeil.

Au matin, quand je me réveille, il est déjà levé. Vêtu de son pyjama il est assis devant son bureau dans la pièce qui jouxte notre chambre, et il écrit. Une tasse de café noir est posée devant lui. Longtemps nous aurons une employée à domicile qui prépare le petit déjeuner, nous l'apporte sur un plateau, remet l'appartement, nos vêtements en ordre, prépare et sert des déjeuners ou des dîners quand Jean-Jacques en organise à la maison plutôt qu'au journal.

Je me lève à mon tour, vais l'embrasser sur le front, je jette un coup d'œil sur les deux pages de son bloc quadrillé qu'il a déjà remplies de son écriture presque sans ratures, et qu'il arrache et entasse dès qu'elles sont terminées. Il lève la tête, me sourit, me demande si je vais bien. Je voudrais lui faire part d'une réflexion qui m'est venue à propos du dernier numéro du journal : j'ai trouvé le titre de « une » trop accrocheur et une publicité trop importante. Il me prend le poignet, le serre : « Plus tard, Pussy, je n'ai pas le temps de te parler pour l'instant, je termine mon éditorial sur Mendès pour tout à l'heure. »

Frustrée – la veille non plus je n'ai pas pu lui adresser vraiment la parole –, je vais faire ma toilette, j'entends qu'il téléphone une ou deux fois. Sans doute à son rédacteur en chef, puis à Françoise. Il termine ses coups de fil en disant « À tout de suite ».

C'est son tour de passer sous la douche, le bruit de l'eau couvre tout et je suis chargée de répondre si le téléphone sonne, et de lui apporter l'appareil si c'est urgent. Quand il se met à se raser, je m'assieds sur le rebord de la baignoire et tente de lui exposer ce qui me plaît ou m'agace dans le dernier numéro. Brièvement : je sais que je ne dois pas lui prendre trop de ce temps où il réfléchit pour organiser sa journée à venir... Il ne me répond que par des onomatopées, comme tous les hommes qui se rasent.

Soudain, il se regarde dans la glace, de trois quarts, touche ses tempes : « Quand est-ce que j'aurai des cheveux blancs. Je fais trop jeune... On ne me prend pas suffisamment au sérieux ! » Il aura trente ans en février...

Puis il s'habille, très vite, tout en se dirigeant deux ou trois fois vers son bureau pour noter quelque chose sur son agenda ou sur un petit bloc. Il me paraît tellement concentré que je n'ose plus rien dire... J'aimerais pourtant lui parler des conversations que j'ai eues la veille avec mes relations de Saint-Germain-des-Prés, dans l'ensemble des sartriens, ce qui ne les empêche pas de lire *L'Express* – presque tout le monde le lit désormais dans les milieux intellectuels – mais avec une certaine acrimonie : ils trouvent le journal trop « mou » par rapport à leurs propres convictions, trop démagogue dans la forme, avec des rubriques sur les faits-divers, les personnalités, les échos parisiens, qui les agacent – c'est Françoise qui les rédige à peu près toutes avec la vivacité de plume dont elle a déjà fait preuve dans ses portraits pour *France-Soir*.

En ce qui me concerne, et je ne suis pas la seule, c'est par ces « brèves » que je commence la lecture du numéro... Ensuite seulement j'attaque le « substantiel », c'est-à-dire la politique. Mais, aujourd'hui, Jean-Jacques n'est pas disponible pour entendre des critiques, même valables. C'est le jour du bouclage.

Je me suis préparée pour sortir en même temps que lui. Je vais l'accompagner au journal, bien que j'aie rendu mon papier la veille – la critique du dernier roman de Nourissier. Composé, mis en pages, il n'est plus susceptible de changements comme tous les articles qui n'ont pas l'urgence des textes politiques.

Depuis peu nous occupons un plus vaste local loué sur les Champs-Élysées, au 91. Le nombre de nos rédacteurs dépasse largement les sept que nous étions au tout début, et nous ne pouvions plus rester dans les deux pièces qu'Émile et Robert Servan-Schreiber avaient généreusement mises à notre disposition dans leur propre journal, plus bas sur l'avenue.

De chez nous, pour rejoindre à pied *L'Express*, juste au coin de la rue Quentin-Bauchart et des Champs, Jean-Jacques et moi mettons moins de dix minutes ; parfois l'un ou l'autre prend quand même la voiture qu'on trouve toujours à garer alors, même sur les Champs.

Tandis que nous nous tenons tous deux serrés dans l'ascenseur, Jean-Jacques note encore quelque chose sur son carnet, le sourcil froncé. Puis il me pose une question : « C'est qui exactement Merleau-Ponty ? » J'ai à peine le temps de répondre que nous sommes dans la rue où il avance à une telle vitesse que je dois courir pour ne pas me laisser largement distancer.

Quand nous arrivons dans l'entrée de l'immeuble – les bureaux du journal sont au premier –, nous rencontrons des collaborateurs qui montent ou descendent le large escalier : Jean Daniel, Michèle Manceaux, Danièle Heyman, les uns arrivent, les autres sortent pour prendre un café ou partir en reportage. C'est gai, animé... Jean-Jacques salue chacun très cordialement sans pour autant s'arrêter.

Il grimpe plus vite que tout le monde, quitte à en dépasser certains, et, dans son sillage, j'ai le sentiment d'être aspirée derrière le navire amiral ! Soudain il se retourne vers moi – j'avais cru qu'il avait oublié ma présence : « Viens me prendre dans mon bureau à treize heures, on ira manger quelque chose au snack… »

Que Jean-Jacques ait le temps de partager un repas seul avec moi devient de plus en plus rare. Presque un privilège par rapport à tous ceux, à l'intérieur comme à l'extérieur de la rédaction, qui, eux aussi, souhaitent le voir seul à seul.

Je suis sa femme, après tout, et j'apprécie que mon statut soit ainsi validé aux yeux de tous. Je n'ai pas de bureau à *L'Express*, pas même un coin de table, mais, restée debout, je vais d'une pièce à l'autre, regardant les photos, ce qui s'écrit ou se corrige par-dessus les épaules, en particulier celles de René Guyonnet dont le coup d'œil **mani**aque fait merveille sur les morasses. Insensiblement j'apprends le métier de secrétaire de rédaction, même si je ne l'exerce pas.

Dans un couloir, je croise Françoise. Parfumée, bien coiffée, nette, souriante, ses bracelets d'or tintinnabulant à ses poignets, elle tient à la main des papiers qu'elle monte elle-même au dernier étage, où se trouve le marbre.

La façon dont elle est vêtue m'arrête toujours, car si nous n'avons pas la même silhouette il nous arrive depuis quelque temps d'avoir les mêmes goûts pour la même mode : des fourreaux de soie moulants en jersey italien et même, une fois, la même robe en maille de chez Saint-Laurent, aux motifs noir et bleu vif. Au lieu de nous fâcher, cette coïncidence nous a fait rire… Bonne guerre.

Au snack, la collation – peut-on appeler cela un déjeuner ? – est frugale. Jean-Jacques, qui nous a nourris aux *Échos* avec des plateaux-repas qu'il se faisait livrer par la compagnie *Air France* – le modèle n'était pas encore en vente – considère que trop de nourriture alourdit et que la digestion empêche l'esprit de bien fonctionner. Sans doute une habitude qu'il a acquise aux États-Unis, (comme celle de faire n'importe où dix minutes de sieste), ce qui étonne et même choque les Français, encore partisans de la cuisine gastronomique.

Et il ne boit jamais de vin ni d'alcool. Du jus d'orange, de l'eau minérale, parfois un Coca-Cola.

Nous nous plaçons sur de hauts tabourets, devant le bar du café-snack situé plus bas sur cette avenue où l'on trouve tout à portée – petits et grands restaurants, magasins de mode, de tissus, de chaussures, marchands de tabac, de voitures, de parfums, de cosmétiques, des pharmacies, des librairies, une poste, des banques, des kiosques à journaux, un Prisunic – et il commande invariablement une salade jambon ou des œufs sur le plat, pas de dessert, un café.

Pour moi, ces déjeuners « volés » sont délicieux. Jean-Jacques est de bonne humeur, il se détend. Souvent, il en profite pour me taquiner sur mes nouvelles connaissances, mes prétendus « flirts ». Je lui réponds n'importe quoi, je ne sens qu'une chose : il a besoin que j'aille bien, que je sois contente, que je ne lui fasse aucun reproche... Il faut que tout roule sans problèmes dans son cercle le plus rapproché, tant le reste est combat, lutte, opposition, avivé par le succès grandissant que rencontre le très jeune *Express*...

De quoi pourrais-je me plaindre ? Je vis dans un beau cadre, parfois magnifique, comme ici aux Champs-Élysées ; si j'ai besoin d'argent, nous avons, Jean-Jacques et moi, le même compte bancaire et il ne vérifie pas mes dépenses ; je dispose d'une voiture entretenue par le chauffeur du journal, à la maison une personne dévouée s'occupe du ménage, je me suis fait des amis de qualité – les filles, Colette, Marie-Pierre, Florence, Marie-Claire sont ravissantes, les hommes ont tous du charme et de l'intelligence. Et ce que j'écris dans le journal – mes comptes rendus sur les livres qui paraissent – commence à se faire remarquer.

C'est une chance et je la savoure tous les jours, – seulement Jean-Jacques est-il encore à moi ?

Ce n'est pas la première fois que Françoise m'invite à déjeuner au Fouquet's, le grand restaurant de l'avenue George-V devenu notre cantine (de luxe) depuis que *L'Express* a déménagé des *Échos* pour s'installer plus haut sur les Champs-Élysées.

En quelques mois, l'hebdomadaire s'est transformé en un journal à part entière, attendu, scruté, dont l'influence et le tirage vont croissant de numéro en numéro.

Un mouvement amplifié par le fait que Pierre Mendès France, l'homme politique que le journal soutient, monte en puissance au moment où les événements d'Algérie – on ne dit pas « guerre », mais « pacification » – prennent de l'ampleur et se font menaçants.

Voici *L'Express* et ses dirigeants en flèche, engagés dans un combat politique qui commence à remuer la France entière.

Des personnalités journalistiques comme Jean Daniel sont venues nous rejoindre, le nombre de pages du journal augmente, ainsi que sa diffusion, de nouvelles rubriques sont créées et les dirigeants de *L'Express* deviennent des célébrités.

Désormais, nous signons donc tous en raison des positions très fermes de Jean-Jacques sur le conflit algérien. Tous les textes : même ceux qui n'ont pas un rapport direct avec la politique. Façon, pour chacun d'entre nous, de se déclarer solidaire des positions du journal. Si l'on n'est pas accord, autant ne pas en faire partie.

Et écrire sur des faits culturels ou de société dans un journal de plus en plus engagé dans un combat difficile jette sur nos écrits un éclairage lui aussi politique : tout ce qui est publié dans *L'Express* apparaît comme différent, tranche sur le conformisme général.

Quand je vois mon nom imprimé au bas d'une colonne du journal, je suis encore gênée au point d'en rougir toute seule ; j'ai le sentiment que les lecteurs vont se récrier : « Qu'est-ce qui lui prend, à celle-là ? de quoi se mêle-t-elle ? sait-elle même de quoi elle parle ? »

Il faut dire que les femmes journalistes restent rares dans les années cinquante, en dehors des magazines féminins, et qu'on n'en trouve pratiquement aucune dans la critique littéraire.

Toutefois, je récolte des compliments de la part de mon entourage, et bientôt de ce qu'il y a de plus pointu et élitiste dans le milieu littéraire. Même si j'éprouve encore le besoin d'être épaulée, en fait chapeautée par ma direction.

Le fait que Françoise Giroud, alors rédactrice en chef, m'invite régulièrement à déjeuner en tête à tête me réconforte : la grande professionnelle qu'elle est juge donc valable ce que j'écris, et je connais son exigence.

Reste qu'une question se pose, à laquelle pourtant je ne songe pas : est-ce la journaliste qu'elle désire fréquenter – elle m'invite souvent –, ou bien la femme de Jean-Jacques ?

La situation est ambiguë et le sera toujours. Faut-il parler de rivalité ? Ce n'est pas ainsi que je vis nos rapports : la femme, l'épouse de Jean-Jacques, c'est moi. Et, dans ce domaine comme dans bien d'autres, la force est censée revenir à la loi : c'est moi qui suis « légitime ». Pas elle.

C'est donc avec assurance que je m'avance vers Françoise, déjà installée sur la terrasse fleurie, à la petite table de coin que nous réserve le maître d'hôtel. Notre premier coup d'œil l'une sur l'autre – je ne suis pas la fille de ma mère pour rien ! – consiste à évaluer nos tenues respectives. Particulièrement soignées pour l'occasion.

Tout autant que moi, Françoise a le goût de l'élégance – et elle en sait l'importance pour donner un rang à une femme dans la société parisienne. Dès qu'elle l'a pu, elle a fréquenté les grands couturiers. Je ne crois pas qu'elle ait jamais rien acheté chez ma mère dont les modèles n'étaient pas son style : elle préférait les costumes tailleurs, les lignes strictes, presque masculines, jupes droites, épaules bien marquées. Pas de flou ni de biais, ces marques de fabrique de Vionnet et de ma mère...

Ma mère, hélas, a dû subitement fermer sa maison – un terrible drame pour ma famille. La maladie l'a frappée au moment précis où naissait *L'Express*, et peu avant que mademoiselle Chanel ne rouvre sa maison de la rue Cambon.

Au début, ayant besoin de publicité, mais aussi d'affirmer sa différence d'avec Dior, Fath et le *new-look*, Coco Chanel a l'intelligence d'accorder aux journalistes, particulièrement aux jeunes femmes de *L'Express*, des prix abordables. J'en profite aussitôt, ce qui me console un peu d'avoir perdu les belles robes que me faisait ma mère. Françoise aussi va chez Chanel ; plus tard, elle lui préférera Saint-Laurent, ses robes noires, ses smokings masculins.

Ce jour-là, je porte le petit tailleur de Chanel en jersey bleu marine gansé de blanc, camélia à la boutonnière, qui fait fureur et s'impose comme le premier en date de ses « costumes pour femmes qui travaillent ».

Là est le génie de Chanel et son modernisme absolu : la Grande Mademoiselle, elle-même femme suractive, sait que toute une nouvelle génération de femmes autrefois oisives – au début des bourgeoises, mais, par la copie, le champ des « chanellisées » va s'étendre – vont se mettre à travailler comme des hommes. Tout en s'efforçant de rester jolies et élégantes comme des femmes.

C'est en cela que *L'Express* et Chanel font plus que bon ménage : ils marquent et inventent ensemble leur époque, celle où l'on voit les femmes accéder au travail et, pour certaines, aux fonctions de haut niveau qui leur restaient jusqu'alors fermées et même interdites.

Cette libération engendre des nouveautés dans le domaine culturel comme dans les mœurs – une brusque mutation que Françoise Giroud va baptiser la « Nouvelle Vague ».

Cette expression, elle l'utilise la première fois pour titrer un article, or elle s'ajuste si bien à ce qui se produit dans tous les circuits qu'elle va servir à qualifier l'époque elle-même. Nouveau roman, nouveau cinéma, new-look, tout est, tout doit être « nouveau »... Ce grisant sentiment de nouveauté nous emporte à

L'Express, quand nous ne le précédons pas, balayant jusqu'aux préjugés.

Je m'assieds à côté de Françoise et nous commandons, comme à notre habitude, une viande grillée, une salade, de l'eau plate. Puis nous parlons. Du journal, des nouvelles recrues... et de Jean-Jacques.

Pendant des années, à chacun de nos tête-à-tête, nous en arrivons plus ou moins vite à parler de Jean-Jacques ! C'est si prévisible que je finis par parier avec moi-même : combien de minutes s'écouleront avant que Françoise n'aborde le sujet ? Celui, je le perçois, qui lui tient le plus à cœur... Du moins avec moi.

Cette fois encore, dès que son nom est prononcé, elle se répand non pas en éloges – au contraire, elle n'hésite pas à lui reprocher ci ou ça, de chaque fois si flagrant que je ne peux qu'approuver. C'est vrai que Jean-Jacques est abominablement pressé – ce qui le rend injuste, parfois même insultant avec ceux qui, par goût, par tempérament, ne suivent pas son rythme. (Sous-entendu : Françoise et moi nous y faisons très bien, comme à son écriture que nous sommes les deux seules à savoir entièrement déchiffrer.)

Par ailleurs, ce rebelle est incroyablement dépendant de sa mère : « Vous ne trouvez pas, Madeleine ? » Alors qu'au début, je me croyais l'unique femme de sa vie, j'ai effectivement fini par m'apercevoir qu'en plus de moi, si ce n'est avant moi, il y a Denise ! N'est-ce pas étrange, poursuit Françoise, pour un homme si déterminé, si inflexible par ailleurs, d'être ainsi soumis aux desiderata de sa maman ? Laquelle insiste, par exemple, pour qu'il prenne avec lui, dans son journal, ses sœurs, et leurs maris, et plus tard son frère cadet.

En fait, sans que j'en aie conscience, tant c'est subtil, Françoise s'introduit entre Jean-Jacques et moi en se présentant comme mon alliée. Elle me comprend, éventuellement me soutiendrait, car elle sait à quel point Jean-Jacques n'est pas « facile »...

Je pourrais lui rétorquer que, pour elle aussi, il ne doit pas être facile d'avoir pour amant un homme marié... et amoureux de sa femme !

Retenue, prudence, nous en restons là. En fait, j'ai le sentiment qu'il y a deux Jean-Jacques : celui que connaît Françoise, avec lequel elle travaille et a des rapports que j'entrevois mais ne partage pas ; et le mien. L'homme de ma vie, qui, à mon égard, n'a pas changé, ne change pas.

Le café bu, Françoise fait mettre l'addition sur le compte de *L'Express*.

À l'époque, il ne me vient pas à l'idée qu'il y a comme un paradoxe qu'un journal de gauche, aux idées révolutionnaires – l'anticolonialisme –, qui sera saisi, plastiqué, puisse fréquenter les établissements les plus chics de la capitale. Par ailleurs, de temps à autre, Jean-Jacques et Françoise partent passer le week-end au luxueux palace Trianon, à Versailles, pour y travailler. Et nous habitons, elle comme nous, dans le XVIe arrondissement.

« Vous rentrez avec moi au journal, Madeleine ?

– Oui, Françoise, je dois revoir la composition de mon papier sur le dernier roman de Claude Simon... »

Dans l'entrée, l'hôtesse, quelques journalistes hommes jettent sur notre couple un regard parfaitement indéchiffrable.

Le soir, Jean-Jacques me demande :

« C'était bien, ton déjeuner avec Françoise ?

— Très bien, elle a été très gentille.
— Bon. De quoi avez-vous parlé ?
— Elle trouve que tu as été trop dur, dans ton édito, avec le président du Conseil...
— Vraiment ? dit-il en souriant, canines en avant. Eh bien, ce sera pire la semaine prochaine... L'armée torture en Algérie ; j'ai les documents et je vais le dire ! »

Si l'envie m'en prenait, alors que les circonstances sont si graves, je trouverais dérisoire de l'interroger sur ses relations avec Françoise, en fait de lui faire une scène. Je me jugerais mesquine, pas à la hauteur des situations auxquelles il est quotidiennement confronté. Ce qu'il appelle – cette fois avec à-propos – « la guerre ». Le conflit avec le pouvoir en place s'intensifiant, il a de plus en plus besoin de sa principale collaboratrice, que je ne saurais ni ne veux remplacer.

Invoquer « la guerre », c'est la façon – pour ne pas dire le « truc » – qu'utilise Jean-Jacques quand il veut échapper aux problèmes que pose le présent : il se projette dans l'avenir où – il vous en prévient, vous prend à témoin – de grands risques l'attendent. *L'Express*, en effet, sera saisi, plastiqué, et lui personnellement menacé.

Face à de tels dangers, il ne me vient pas à l'esprit de reprocher quoi que ce soit d'aussi peu important qu'une liaison à cet homme que j'aime et pour qui je tremble ; je ne songe au contraire qu'à le protéger contre tout ; éventuellement contre toutes et tous... C'est ainsi qu'il me « tient ». Et me garde.

« Pussy, il faut que tu ailles interviewer François Mauriac sur son dernier livre qui vient de sortir ! Je l'ai prévenu, il est d'accord. »

Est-ce une idée de Jean-Jacques ou de Françoise ? Je ne cherche pas à le savoir, tant je me sens inquiète : vais-je y parvenir ?

Il n'est pas d'usage, à l'époque, d'interviewer les écrivains pour la presse. Les critiques comme Émile Henriot dans *Le Monde* se contentent de leur consacrer leur chronique, dite « rez-de-chaussée » parce qu'elle occupe tout un bas de page. Jusque-là, je n'ai donc jamais interviewé personne. Et si j'ai rencontré François Mauriac au journal auquel il contribue par son célèbre *Bloc-Notes*, et même déjeuné avec lui et quelques membres de l'équipe du temps que nous mangions de maigres rations sur des plateaux Air France, je crois qu'il ne m'a encore jamais adressé la parole.

Ne l'intéressent que Jean-Jacques, éventuellement Françoise quand elle se plante devant lui de façon respectueuse, souriant à plein, pour lui faire une remarque concernant son dernier *Bloc-Notes* ou lui poser une question sur le suivant ; aimable, mais déterminée à obtenir une réponse. Le maître – ainsi nomme-t-on Mauriac, « de l'Académie française » – laisse alors tomber quelques mots pertinents, drôles, parfois irrésistibles de méchanceté. Mais sans la regarder, toujours en direction des hommes présents : Jean Daniel, Pierre Viansson-Ponté, Robert Barrat, et bien sûr Jean-Jacques ; lequel rit aux éclats. Ce que Mauriac, manifestement, adore, et il pouffe derrière sa main mise en conque devant sa bouche...

Alors moi, toute seule face à lui, chez lui, armée d'un magnétophone et d'un grand nombre de questions sur son œuvre, éventuellement sur sa personne ?

C'est en cela, entre autres, que je suis semblable à Jean-Jacques : tout défi me stimule, a fortiori lorsque c'est lui qui me l'impose – pour rien au monde je ne voudrais le décevoir en me défilant. Plutôt mourir ! C'est une expression qui me vient souvent dans ma vie avec Jean-Jacques, en fait dans ma vie tout court : plutôt mourir qu'accepter ci ou ça, plutôt mourir que de ne pas être à la hauteur, de ne pas surmonter ma peur...

En tout cas, si c'est vers la mort que je crois aller ce jour-là, c'est dans mon dernier tailleur Chanel, les lèvres et les ongles maquillés, bien coiffée – pour une fois –, parfumée, et mon magnétophone en bandoulière.

J'ai relu en partie l'œuvre de Mauriac, et attentivement son dernier ouvrage, ses *Mémoires intérieurs*. Ce qui m'a permis de me constituer une « image » du personnage : il me semble que je sais où il en est, où il aurait envie d'aller, ce qu'il est prêt à dire – et décidé à ne pas dire. (Je procéderai ainsi avec tous les écrivains que j'irai voir par la suite, en les « ingurgitant » en quelque sorte, jusqu'à me mettre à leur place...)

Ce qui fait que plus l'heure de la confrontation approche, moins je m'en fais. Ce « maître », cet écrivain redouté est un homme comme les autres face à ce que nous partageons tous, hommes, femmes, vieux, jeunes : les mystères de la vie et de la mort.

Quand je sonne à sa porte, je n'ai plus de soucis sur mes possibilités de dialoguer avec François Mauriac – j'en ai seulement sur l'accueil qu'il va me réserver.

Dans le petit salon bourgeoisement meublé, impeccablement tenu, de l'appartement que le maître occupe dans le XVIᵉ arrondissement, et où m'introduit poliment une domestique, ce seul point m'inquiète : sera-t-il aimable, c'est-à-dire causant ? et sincère ?

En même temps, l'observatrice que je suis constate avec amusement à quel point cet écrivain qui joue les rebelles, parfois même les iconoclastes, accepte de vivre dans un cadre résolument bourgeois. Est-ce sa femme qui en est responsable, ou est-ce véritablement son goût, lié à ses origines bordelaises, ce qu'il appelle « sa motte » et qu'il dit avoir emmenée avec lui depuis sa propriété de Malagar ? Son terreau, qui serait sa sécurité. Et le découvrir si peu bohème dans son intérieur, pas même artiste, est tout compte fait rassurant : l'homme qui vit dans un tel cadre ne peut se conduire comme un malappris.

La porte s'ouvre, je me lève d'un bond, François Mauriac vient vers moi de son vif pas de jeune homme ; il est... tout sourire !

Cette courtoisie, il ne s'en départit pas tout au long de l'heure et demie que va durer notre entretien. Je n'en reviens pas : il est aimable, déférent même, il me considère, c'est-à-dire me parle comme à une égale, cherche à me séduire, y parvient...

C'est donc ça, le loup-garou pourfendeur qui fait peur à tant de gens ? J'ai devant moi un petit garçon qui vient de commettre un livre (à croire que c'est son premier), et s'inquiète de l'accueil qu'il va recevoir.

C'est en serrant mon magnétophone contre mon cœur, enchantée de lui et de moi, que je le quitte. À peine rentrée, je me précipite sur ma machine à écrire pour retranscrire l'entretien. Ce que Mauriac m'a dit me paraît tout à fait intéressant, et même remarquable ; je remanie un peu mes questions pour qu'elles soient plus brèves et plus éclairantes, mettent mieux en valeur ses réponses – auxquelles il n'est pas besoin de toucher : Mauriac parle comme il écrit, admirablement.

Puis je cours à *L'Express* soumettre mon texte à Françoise et à Jean-Jacques. Tous deux sont contents, à ce qu'il me semble, et me disent que mon travail va paraître deux jours plus tard, dans le numéro qui sort le jeudi.

Avec quelle impatience je me jette sur les exemplaires frais imprimés – un pour lui, un pour moi – que Jean-Jacques rapporte à la maison dès le mercredi soir. Deux grandes pages du journal avec photos sont consacrées à « mon » entretien. Je lis et relis, tout me paraît « bon », avec des intertitres qui me satisfont, tout comme la légende sous la photo. Sans doute la touche de Françoise.

Voilà, c'est fait, c'est « dans le journal », et comme chaque fois que je vois mon travail imprimé, j'éprouve un moment de satisfaction – lequel ne dure pas. (Il en sera de même pour mes livres : le contentement du travail accompli qu'on ressent lorsqu'on tient pour la première fois son ouvrage en main ne dure même pas une heure... Tout de suite on songe au suivant : y parviendra-t-on ?)

Le lendemain je reçois des compliments des autres membres de la rédaction ; tous trouvent cet entretien excellent pour le journal. Mes amis de Saint-Germain-des-Prés me félicitent également.

En dehors de la tension émotionnelle suscitée par cette entrevue, je n'ai pas le sentiment d'avoir réalisé quelque chose de difficile. Toutefois, je suis contente de m'être, à ce que je crois, rapprochée de François Mauriac. Maintenant il m'a remarquée, il sait que j'existe, et lorsque je le rencontre à nouveau dans les couloirs de *L'Express*, je vais droit sur lui, souriante, la main tendue.

Quelle n'est pas ma surprise ! Si le maître me serre la main, son regard est ailleurs et il parle à quelqu'un d'autre. C'est fini, nous deux : il n'a plus besoin de moi – il n'éprouve aucun plaisir, plutôt du désagrément à être proche des femmes, particulièrement de celle de Jean-Jacques.

Je comprends que ce n'est pas à moi qu'il a parlé l'autre jour, c'est à ses lecteurs, par le truchement de *L'Express*. Je n'ai pas plus compté à ses yeux que le magnétophone.

Grande leçon ! La première, et elle va se révéler définitive, dans mon métier d'intervieweuse que je vais poursuivre des années durant avec des écrivains prestigieux. Plus jamais je ne serai impressionnée à l'idée de les rencontrer, puisque je n'existe pas !

Je n'espérerai pas non plus que la relation, aussi intime m'ait-elle paru ce jour-là, se poursuive.

Il y aura toutefois des exceptions, quelques miracles ; certaines personnes deviendront des amis : Jean Giono, Jacques Prévert, Michel Leiris, Françoise Sagan, Claude Simon, Hubert Reeves... Pour d'autres, je ne les verrai qu'une fois, puis plus jamais : André Breton, Tristan Tzara, Georges Bataille, Céline, André Malraux...

Curieux métier ! Même si elle ne doit pas connaître de suite, cette heure et demie ou ces deux heures de conversation se révèlent être un fait marquant. Ainsi Sartre et Beauvoir me demanderont la permission d'introduire notre entretien dans leurs œuvres complètes. Quant à moi, je ne peux rien oublier de ces instants magiques : ni la couleur des chaussettes d'André Breton, ni le bleu des yeux de Georges Bataille, ni le balai accoté à l'entrée de la maison de Céline...

Françoise Dolto me dira : « Avec chaque personne rencontrée, nous avons quelque chose à échanger. Cela peut durer une minute, un quart d'heure, une heure, un mois, un an, toute une vie... Mais, une fois que c'est fait, il n'y a plus qu'à se quitter ! Sans regret. »

C'est vrai, et j'ai laissé beaucoup de gens tomber ainsi hors de mon orbite. Avec Jean-Jacques, en revanche, l'échange n'en finit pas de durer.

Nous sommes réunis, journalistes, chefs de fabrication, secrétaires, autour de Jean-Jacques et Françoise dans la plus grande pièce du journal. Assis en cercle sur des chaises empruntées aux autres bureaux, certains restant debout à l'arrière. L'atmosphère est gaie, détendue – le numéro est sorti le matin même –, en même temps attentive : il s'agit de préparer le suivant et le temps avant le prochain bouclage, comme à chaque fois paraît trop court.

Jean-Jacques prend la parole, il tient le numéro en main, il le connaît à fond, n'empêche qu'il le feuillette pour, page après page, faire ses remarques et ses critiques. Il a souligné ce qui a retenu son attention : un titre qu'il juge mauvais, un doublon, une photo mal tirée, des intertitres pas assez explicites, des articles qu'il juge trop longs, inutiles... On se croirait en classe et même s'il n'attaque personne nominativement, chacun en prend pour son grade. Avec, de temps à autre, heureusement, un compliment. Ou une drôlerie pour nous détendre.

Françoise, assise à côté de lui, ses jambes haut croisées sous des collants très fins, un grand bloc posé sur ses genoux et son éternel stylo tenu entre deux doigts de la main droite, explique, complète, répond aux propos de Jean-Jacques : on n'a pas eu les informations à temps, ce qu'il réclame sera dans le prochain numéro, ce qui lui a paru trop long était nécessaire, etc.

Il s'incline la plupart du temps devant son avis et elle poursuit sur les projets en cours, suggère des sujets de reportage qui vont demander des déplacements. « Qu'untel parte tout de suite... » rétorque Jean-Jacques.

Puis elle passe la parole à l'un ou l'autre des chefs de service pour qu'eux aussi fassent part de leurs remarques, de leurs suggestions, racontent éventuellement ce qu'ils ont appris dans la semaine ou les derniers jours. En commençant par ceux qui traitent du sujet capital : la politique. C'est à Pierre Viansson-Ponté d'exposer ses intentions pour le numéro à venir, il en profite pour rapporter les propos qui lui ont été tenus par des gens du gouvernement ou certains députés ; très estimé, il connaît en effet tous ceux qui comptent dans le monde politique.

Jean-Jacques pose quelques questions pour se faire préciser un point ou un autre, puis reformule le projet en y rajoutant de son cru. Je suis comme chaque fois saisie par sa clarté d'esprit : il comprend dans l'instant ce qui est en cause, parfois exposé confusément, il élucide, simplifie, puis y apporte des prolongements...

Françoise et moi ne nous regardons pas mais je sens qu'elle est comme moi, épatée, et un peu amusée de l'agacement de certains qui ont le sentiment d'être pris en faute par Jean-Jacques alors qu'ils sont seulement pris de vitesse. Après tout c'est lui le patron, le « moteur » du journal, mais c'est aussi lui le plus jeune des hommes présents et c'est cela, parfois, qui les déconcerte.

Vient le tour des rubriques culturelles, spectacles, expositions, livres, qui prennent de plus en plus de place et d'importance. Michèle Manceaux parle des films qui vont sortir, ceux de la « nouvelle vague », réalisés par François Truffaut, Alain Resnais, Jean-Luc Godard, qu'elle a vus ou va voir en séance privée.

C'est François Erval qui dirige la rubrique littéraire et, avec son accent chantant de Juif d'origine hongroise parfaitement enraciné dans la culture parisienne, il fait part des nouveaux courants et des futures publications. En tout, il s'agit pour nous d'être à l'avant-garde, mais pas d'une façon absconse et hermétique : lumineuse, au contraire, afin d'aller dans le sens de notre public, qui pour la plupart est jeune, dynamique et veut être informé avant les autres de ce qui se fait, se dit, se pense et se prépare de plus neuf.

Les jeunes femmes de plus en plus nombreuses qui travaillent au journal ont été engagées, par Jean-Jacques et Françoise, du fait même qu'elles sont en pointe, aussi bien dans leur façon d'être, de s'habiller, de vivre que dans leurs activités et leurs relations. Florence Malraux, assise non loin de moi et que j'ai pu faire entrer au journal, ne dit rien mais écoute attentivement. Elle est depuis peu l'assistante de Françoise et je sais que les jugements toujours justes et fondés qu'elle lui donne en privé, sont très écoutés.

Pour moi, je viens de débuter mes grands entretiens littéraires avec nos plus grands écrivains. J'ai commencé par François Mauriac, lequel collabore au journal depuis que Jean-Jacques lui a offert la dernière page afin qu'il y publie son *Bloc-Notes*. Encore l'une des idées imprévues de Jean-Jacques, qui a mis hors de lui Pierre Brisson, le directeur du *Figaro* où jusque-là s'exprimait Mauriac, mais qui a encore amené de nouveaux lecteurs à *L'Express*.

Mauriac a trouvé parmi nous une nouvelle jeunesse, il se laisse librement aller à sa verve, son insolence, son exceptionnel talent de polémiste et il vient souvent au journal pour le plaisir de bavarder, particulièrement avec Jean-Jacques dont la personnalité provocante l'enchante...

Je peux téléphoner à qui je veux : Michel Leiris, Jean Paulhan, André Breton, Claude Lévi-Strauss, on me répond avec empressement et j'obtiens mon rendez-vous. Ces hommes de plume, même les plus célèbres, rêvent tous de paraître dans cet hebdomadaire dont on parle et qui touche de plus en plus de lecteurs, *L'Express*.

Ce pouvoir qui m'est donné par le journal, jamais je ne le prends pour moi. Je sais que ce qui compte c'est de transmettre au plus juste, en préservant leur style, leur singularité, les paroles de ces hommes et de ces femmes, tous d'une immense culture. Je m'apprends le métier à moi-même, sur le terrain : ce que j'ai de mieux à faire c'est de laisser venir leur parole qui s'adresse, à travers moi, à la foule invisible, mais bien présente, de leurs lecteurs.

Toutefois, ce silence que je m'impose auprès d'eux – comme aussi au cours des dîners avec des personnes importantes, quand Jean-Jacques en donne et que je suis présente – finit par me peser... À moi aussi il me vient d'avoir envie de parler...

Et voilà qu'aujourd'hui, je ne sais plus à quel propos, j'interromps JJSS au milieu d'une phrase. Immédiatement, d'une voix forte et mieux timbrée que la mienne qui ne l'est guère, il m'assène : « Tais-toi quand je parle ! »

Certes, j'ai eu tort de l'avoir publiquement interrompu – je le fais souvent en privé car notre parole, à nous les femmes, est déclenchée par ce que viennent de proférer les hommes ; mais, face à l'ensemble de la rédaction, la violence de son injonction m'humilie et même suffoque l'assistance...

Françoise m'en reparlera plus tard. « Jean-Jacques n'aurait pas dû vous parler comme ça devant tout le monde ! » Est-elle sincère, ou s'est-elle amusée de me voir remise à ma place de « figurante » ? S'il lui arrive d'interrompre Jean-Jacques, il ne le lui reproche jamais... Il faudra que j'entre en analyse, des années plus tard, pour oser à nouveau parler en public...

En fait, ma position à *L'Express* est ambiguë : d'un côté tout le monde reconnaît la qualité de mon travail, mon exactitude à rendre mes papiers à l'heure, la précision de mes informations et de mon style, ma bonne volonté pour « couper » quand cela m'est demandé, souvent en substituant un mot court à un mot long, labeur d'ailleurs amusant ; de l'autre, comme me l'a dit un jour en souriant François Erval, je suis pour beaucoup « la femme du patron ».

Et si je suis bien accueillie, appréciée, je dirai même affectueusement considérée par certains, en même temps je demeure à l'écart.

Il ne me reste qu'une chose à faire, et je m'y emploie avec acharnement : m'enfoncer encore plus dans mon travail de rédactrice littéraire pour prouver que je mérite mon poste. Là, j'excelle : je suis la première à parler du « nouveau roman », des nouveaux penseurs comme Michel Foucault, Gilles Deleuze, je fais la première interview de Jacques Lacan, un psychanalyste encore inconnu que je présente à Françoise Giroud – laquelle a le flair de mettre sa photo à la une. Je parle aussi dans le journal de Maud Mannoni, des antipsychiatres comme Laing et Cooper, de Claude Simon – futur prix Nobel, bien peu médiatisé à l'époque –, de Samuel Beckett, de Robbe-Grillet...

Plus tard, je m'apercevrai que si j'ai eu du flair j'ai aussi été partiale, car je laisse un peu trop de côté des auteurs qui me paraissent « populaires », comme Henri Troyat, Georges Simenon, Maurice Druon, les chouchous du grand public de l'époque, dont je n'apprécierai la vraie valeur que des années plus tard.

Pour me guider, je n'avais qu'un critère : m'en tenir à ce qui m'émouvait, ce qui m'intéressait, moi. Cela devait forcément intéresser les autres...

En réécoutant des interviews télévisées de Jean-Jacques, je m'aperçois qu'à cette époque, le tout jeune directeur de journal disait à peu près la même chose : « Je n'ai pas de critères particuliers sur ce qui doit paraître dans le journal, sauf un : ce qui m'intéresse ne peut qu'intéresser tout le monde... »

C'est en cela que nous étions proches ; nous avions la même vision, parfois téméraire, du journalisme : exposer ce que l'on ressent et ce que l'on pense sans se soucier de ce qu'il en adviendra.

1953

J'ai peu de jugement ; oubliant facilement mes griefs, renonçant à mes raisons, au fond préférant le calme à la tempête. Pour moi la révolte est tout de même un état d'exception. Je croirais facilement que tout va rentrer dans l'ordre, que nous nous forçons à attiser nos débats. Mon goût du bonheur l'emporte sur celui de la justice. Tout ce qui n'est pas s'allonger sous le ciel étoilé, au creux d'une épaule, me paraît vilains jeux. Il faut que je réfléchisse chaque fois pour reconnaître qu'il n'y a pas d'ordre à retrouver, mais au contraire à faire, que jusqu'au bout de l'histoire le repos sera inacceptable, l'apaisement inadmissible ; qu'il n'y a pas de bonheur permis.

Et pourtant cette vérité à chaque instant j'en fais l'expérience. Dès que je m'aveugle, cherche à m'assoupir, la souffrance me cingle, je coule dans d'affreux malaises. Il m'est impossible de me réfugier dans ma faiblesse, elle ne me protège pas. Pour que ce soit supportable il me faut, malgré moi, penser, juger, agir en conséquence. Curieux destin d'être à ce point déchiré, arraché de soi. Mon âme est trop grande pour mon caractère. Mais qui suis-je ? ce petit caractère, cette âme forte ? Auquel obéir ? À l'âme bien sûr, mais comment en forger les moyens ? Par la lucidité d'abord, lorsque je médite je m'en trouve mieux. Seulement, la direction à donner à ces réflexions ?

En attendant, règle pour le caractère : s'en tenir aux décisions que l'on aura prises de sang-froid et après réflexion. Ne jamais les renier dans ce qui est pour moi le danger capital : l'attendrissement. Tenir en respect, particulièrement moi-même.

Janvier 1953

Il me semble que je suis au bout d'une corde et que je ne peux plus avancer. Mais qui coupera la corde ? Est-ce au passé que je me lie ? Ou me suis-je délibérément enchaînée pour prévenir mon manque de force ?

J'attends, et je crois retrouver certains états de mon adolescence, si stériles, où j'espérais une aide extérieure. Il n'est rien venu que des distractions.

Je ne suis même plus triste, endormie, engourdie, le temps ne passe pas. Et pourtant il me tue. Il n'y a qu'un remède : cesser de se raidir, de se défendre ; se laisser aller à ses larmes, à sa faiblesse, à chaque instant. Ne pas refuser ce qui m'assaille, cette angoisse, ce tragique. Tant pis si je dois y couler. Ne plus contrarier mon cœur.

7 octobre 1953

J'aimais mes passions. Désaveuglée je mesure trop bien le néant d'une vie. Si l'on utilise son cœur et sa jeunesse, on les perd. Si l'on ne s'en sert pas, c'est comme si on ne les avait pas eus ; on ne les possède que dans ces brèves minutes où tout glisse de vos mains, passe à l'abîme.

Ainsi ai-je vu défiler le meilleur de moi-même. S'il me reste encore quelque chose, je ne le saurai qu'en le perdant.

Je hais ces carnivores. Non pour leur férocité – de quelle impuissance ! – mais leur bonne conscience. S'il leur arrive de se frapper la poitrine ce n'est jamais que dans leur temple. Face aux autres, ils se jugent justes et triomphants. Démons trop secs pour prendre feu – pierres.

27 octobre 1953

Devenir moi-même reste le problème. À tout moment le vertige d'être femme, ou plutôt de ne pas savoir l'être. Comment, par exemple, vieillir ? Se dire qu'on peut toujours créer des façons d'être encore jamais vues. La vérité est si inconnue qu'il en suffit d'une parcelle pour triompher.

7 novembre 1953

J'ai besoin de netteté, de pureté ; mille liens m'attachent, me torturent à chaque geste. Je n'ai pas la force de prendre les décisions qui me sont indispensables, me rendraient à l'air libre. Semi-asphyxie, pourquoi cesserait-elle d'elle-même.

Ainsi peut-on survivre indéfiniment, aucun hasard ne peut rendre la liberté, vous donner de la rectitude ; seul soi-même.

Apprendrai-je ? Tout ce travail est à faire contre moi ; au nom de quoi le vouloir ? De l'amour de moi ? Je ne me préfère plus. De la vérité ? Étroite, amère vérité.

Samedi, septembre 1954

Incroyable séance à L'Express *entre Françoise Giroud, Philippe Grumbach et François Erval. Il faut, cette semaine, trouver un « angle neuf » sur Rimbaud et aussi sur les automobiles. Et que pourrait-on dire d'intelligent sur Proust ? Pénible – et pourtant c'est moi qui chaque fois ai l'air d'une idiote, m'embrouille, rougis...*

Octobre 1954

Par instants je sens l'impalpable comme un corps ; par exemple, sous les mots, l'intention d'un auteur : soudain je perçois sa vision, son regard sur le monde, si simple, si physique qu'il n'est plus besoin de lire le livre pour savoir où il va.

Ou bien la présence de quelqu'un. Il me semble que quelque chose sort de moi et va se blottir contre quelque chose qui est sorti de l'autre corps, une nuée – et qu'il se passe comme un tâtement, une prise de possession si intime que tout est su en l'espace d'un éclair, et qu'il ne reste plus aux personnes qu'à rire bêtement – *comédie et emphase inutiles.*

Il m'arrive de songer à ces membranes délicates, cette pulpe de chair à laquelle tient ma conscience.

Dans la rue je me sens parfois comme un gros protoplasme mou qui se meut, se traîne maladroitement, collé au sol – et d'une vulnérabilité terrifiante. Mon cœur bat d'angoisse, de panique, un faux mouvement et c'est l'écrasement, un mauvais hasard et c'est la rencontre fatale avec les poisons, la maladie.

Trop de dangers pour si peu de forces. La conscience mériterait un plus solide abri.

Pour me consoler : je suis un énorme suçoir ; cette pâte molle – mon corps – qui attriste ma conscience, est sa condition. Cette peau mince fait de moi l'égale, la sœur de substances autrement inconnaissables. Qu'aurais-je su des vases, des mousses, de l'eau, sans la flaccidité de ma chair ?

Parfois, lorsque j'aperçois mes pieds à même un sol inconnu, mes mains en contact avec des matières sales, hostiles, je tremble : ils me paraissent exilés, déplacés.

J'oublie que je ne suis pas de la matière inerte exposée à tous les périls, que leur apparente fragilité est avant tout délicatesse, celle d'un organe d'exploration.

Ces pseudopodes rampants sont esprit...

On ne se déplace pas uniquement pour bouger sa masse, comme on traînerait un boulet, mais pour explorer de toute la surface de sa peau. Myriade d'yeux et de langues qui à chaque seconde s'inquiètent, lèchent.

En ce temps-là, dès que ma vie avec Jean-Jacques et mon travail à *L'Express* me le permettaient, j'écrivais ces textes, à petites giclées, sur ma machine à écrire portable.

En les relisant, je souris : il est évident qu'un être femelle sortant de telles inconvenances sur le corps, la conscience, le destin, la littérature, ne peut que déplaire. Sans aboutir pour autant à se faire reconnaître pour ce qu'elle est : un écrivain en puissance.

Je devais avoir conscience du danger car si je laissais publier mes articles sans états d'âme, je dissimulais soigneusement les pages autres.

Une seule personne, à qui j'en avais soumis un extrait, s'y est intéressé : c'est Jacques Lacan. Le grand psychanalyste lut d'un œil, sourit, en réclama plus.

Mais je n'ai pas souscrit à sa demande, car sa curiosité même affectueuse m'effrayait : allait-il me décréter « folle », comme il m'arrivait de craindre de l'être ?

Maurice Merleau-Ponty aussi m'avait reconnu quelque qualité, rien qu'à m'entendre. Qu'ai-je proféré de particulier devant le philosophe du Collège de France ? Aucun souvenir… Je me rappelle toutefois ce qu'il m'a dit un jour, dans l'entrée de mon appartement : « Je suis heureux que vous existiez. »

Je n'ai pas osé lui demander pourquoi, et j'ai continué d'écrire en douce. Toutefois, ses mots m'ont soutenue dans ce que je ne puis nommer autrement que mon « exil ».

Jean-Jacques aussi avait dû percevoir ma différence, sans que j'aie rien à prouver ni à lui donner à lire qui ne fût journalistique. Guidé par son instinct incomparable pour le « nouveau » – serait-ce pour cela qu'il m'a choisie ? –, il trouvait que je « tranchais » sur les autres, comme il l'a écrit dans *Passions*, en dépit du fait que je tentais de me déguiser – déjà par ma garde-robe – en jeune femme « bon chic bon genre », afin d'éviter le rejet. Je l'ai eu quand même !

« Venez, Madeleine, je vous emmène, nous avons le temps aujourd'hui, je vais vous faire découvrir un charmant restaurant : Carrère, à Montfort-l'Amaury... »

Nous voici toutes deux roulant dans sa petite voiture de sport sur l'autoroute de l'Ouest.

Françoise conduit vite, un peu brusquement, et au croisement de deux départementales nous manquons de nous faire emboutir. J'ai souvent songé à ce qui se serait passé si nous y étions passées ensemble, ce jour-là. Ou si l'une des deux seulement avait survécu. Un bien ? Un mal ? Et pour qui ?

Rien de plus délicieux, en tout cas, que cette auberge tenue par Carrère en lisière de la forêt de Rambouillet, dans un jardin à l'anglaise, avec buissons fleuris, rosiers grimpants sur la façade, leurs branches pénétrant dans la salle du restaurant en rez-de-chaussée. Il y a aussi des chambres et il m'arrivera plus tard de venir y passer quelques jours, seule avec un chagrin d'amourette et ma machine à écrire...

Là, nous sommes assises côte à côte, comme nous aimons l'être, sur la banquette près d'une fenêtre à petits carreaux donnant sur des massifs en désordre, avec des piaillements provenant d'une proche basse-cour.

Qu'avons-nous mangé ? Des soles grillées, des côte-lettes d'agneau arrosées d'eau pure... Une affectueuse intimité a fini par s'établir entre Françoise et moi. À partir de ce jour-là, elle se renforce et durera toujours...

C'est que je suis diablement sensible à son charme, désormais. J'aime sa façon d'ôter l'une de ses grosses boucles d'oreille et de la poser sur la table pour la tripoter comme d'autres font avec de la mie de pain. J'aime le cliquetis de ses bracelets d'or qui évoque l'esclave élue... Comme j'aime à retrouver son même parfum : *Femme*, *Chanel 5* ? Du bon, en tout cas.

Et ces accents tout à coup brisés dans sa voix.

Voilà donc ce que m'inspire la maîtresse de mon mari ? Une sorte de tendresse voilée ? Je suis loin de voir en elle la rivale ; plutôt quelqu'un qui m'est proche par les idées, les goûts (alimentaires, artistiques, littéraires), les jugements, aussi, que nous portons si volontiers sur les uns et les autres.

Sur le commerce des hommes et des femmes, elle en sait plus que moi et parfois ses propos me heurtent.

Ainsi elle me dit qu'il suffit d'entendre parler une femme pour savoir quel est son amant du moment : un banquier, un professeur de ski, un *playboy*... Elle en prend le langage, les goûts, les tics, jusqu'au suivant.

Je la sens plus combative que moi, plus au fait de la société, capable d'autorité, ce qui m'est étranger.

Apprenait-elle quelque chose de moi ? Il m'arrivait de retrouver certains de mes propos sous sa plume – et j'en étais plutôt flattée...

Une glaneuse... À la fin de sa vie, cette femme qui souffrait de n'avoir pu faire d'études, s'était constituée une remarquable culture personnelle, littéraire, politique et même artistique.

Des années plus tard – tous feux éteints –, je ferai campagne pour qu'elle entre au Femina. D'abord parce que je savais que sa présence parmi nous serait un avantage évident pour notre jury, mais aussi pour le plaisir de continuer régulièrement à la voir. Son arrivée au Crillon, à petits pas désormais, son sourire et ses ors toujours étincelants me replongeaient dans les belles heures de nos déjeuners, chez Carrère ou ailleurs.

Que nous sommes-nous dit ce jour-là ? Sûrement rien sur notre situation amoureuse, comme à l'accoutumée, mais beaucoup sur le temps qui passe, un peu sur nous-mêmes, énormément sur les autres.

Françoise avait ce talent – proche de celui de Mauriac – de décocher sur-le-champ le trait qui touche, parfois meurtrier du fait de sa justesse, visant les personnes de notre entourage, les membres de l'équipe, les célébrités... Que de fois ne l'ai-je entendu dire à propos d'une jeune journaliste ou d'une petite actrice : « Elle n'a pas les moyens de son ambition. » Puis venait l'« explication de texte », les attendus de cette condamnation...

Peu échappaient au couperet. À part Florence Malraux, la fille d'André, une de mes amies proches que j'avais pu faire entrer au journal et que Françoise garda longtemps pour assistante. Aussi la sœur de Jean-Jacques, Brigitte Gros, devenue sénateur, dont Françoise tenait toutefois à dire qu'elle ne savait pas et ne saurait jamais écrire.

Sur ce point – la qualité de plume –, elle était inflexible et elle avait de quoi se le permettre : à l'entendre, il y avait ceux qui étaient atteints de « lisibilité » – elle disait cela comme s'il s'agissait d'une maladie, toutefois non contagieuse – et les autres : ceux et celles qu'elle n'a cessé de corriger, c'est-à-dire de récrire tout le temps qu'elle a dirigé *L'Express*. Je ne citerai pas de noms, ils le savent et lui en restent pour la plupart reconnaissants !

Sachant d'expérience que Françoise ne touchait jamais à mes textes et que j'échappais donc à ses foudres, j'opinais, je gloussais : rien ne se savoure mieux qu'un privilège et, auprès d'elle, j'en avais plus d'un.

Ainsi elle m'a longtemps prêté un manteau d'épais velours de laine gris, bordé de renard du même ton sur le devant et au bas des manches, avec lequel, je peux le dire, j'ai fait des ravages – déjà devant ma glace !

Plus tard, désirant changer de voiture, elle m'a laissé à bas prix sa Chevrolet décapotable, il est vrai un peu lourde pour elle, que j'ai adorée, traînée partout, surtout à Saint-Tropez.

Il y eut aussi l'étrange histoire de ses bijoux. On lui vola chez elle, dans son appartement, des bracelets et des clips auxquels elle tenait comme nous tenons toutes à notre « quincaillerie ». Je la sentis fort triste : elle avait perdu des objets précieux, mais surtout des souvenirs... Est-ce son désarroi qui m'affecta jusque dans mon inconscient ? Quelque temps plus tard, je rêve que je retrouve les bijoux de Françoise derrière son bidet, dans sa salle de bains. Je ne peux m'empêcher de lui raconter mon rêve, et quel regard elle me lance alors ! Sur le moment, je crois avoir commis une gaffe, sorti une incongruité. Puis elle prend la parole :

« Madeleine, je viens de retrouver une partie de mes bijoux dans ma salle de bains ; les voleurs ont dû être dérangés et les ont laissés là... »

Cette proximité étrange, affectueuse, n'alla pourtant jamais jusqu'à la confiance. Françoise ne me livrait pas de confidences sur ses relations avec Jean-Jacques

– ce que j'approuvais, car je faisais de même –, mais pas non plus sur ses liaisons avec d'autres hommes. Car il y en eut d'autres, et pour certains elle ne s'en cacha pas. Elle m'invita dans sa maison de campagne, près de Gambais, avec l'un d'entre eux, un « jeune », et je fréquentai bien sûr Alex Grall.

Alex, son dernier compagnon, qu'elle aida à mourir, a-t-elle avoué, de son cancer de la gorge avec beaucoup d'amour et de courage.

Quand je lui envoie mes condoléances, elle me répond par écrit. Dans sa réponse, cette phrase commence par me surprendre : « J'ai perdu l'homme qui m'aimait... »

Mais elle, alors, qui aimait-elle ? Au fond, je ne l'ai pas vraiment su. Je ne lui ai pas connu d'épanchements publics, sauf avec sa chatte Pachatte, laquelle se prélassait sur la table quand elle vous invitait à déjeuner et chapardait sans qu'on la tançât quelque morceau dans votre assiette.

Quant à ce qu'elle pensait, a pensé et continuait à penser de moi, mystère (pour moi) ! D'autant plus total qu'elle n'a jamais écrit un seul mot sur aucun de ma soixantaine de livres. Était-ce sa façon de me faire une faveur : ne pas exposer sous sa signature tout le déplaisir que lui procurait ma littérature ?

Je m'en suis affectée un moment – elle disposait de plusieurs tribunes, elle aurait pu m'aider, me soutenir –, puis j'ai fini par m'en moquer. Il y a des êtres si complexes (je pense à d'autres comme François Mitterrand) que ce qu'ils peuvent penser de vous finit par vous importer peu : on prend son plaisir à les fréquenter, les entendre, voire au seul fait qu'ils existent...

Pieds nus sur le port, en pantalon et chemise de coton rose pâle – ce qu'on porte cette saison –, alors que je m'approche de la terrasse de Sénéquier, j'éprouve un bizarre sentiment : celui d'avoir toujours vécu ici.

C'est cela, le miracle de Saint-Tropez ; et il se reproduit à chaque fois : à peine débarqué, on s'y sent comme chez soi ! Le lieu semble familier à chacun, comme s'il correspondait à quelque secret désir de paradis qu'on nourrit au fond de soi sans parvenir à le rencontrer ailleurs. Un air marin et doux à la fois, une tendre lumière, une baie magnifique enserrée dans un lointain collier de collines, le balancement berceur d'une poignée de mâts, toute une harmonie qu'éclaire le sourire complice de gens connus ou inconnus qui partagent votre bonheur. En effet, il suffit de s'asseoir à la terrasse de Sénéquier, le café central, sur le quai, pour voir passer ou venir à vous tous ceux qui y séjournent.

Après ma première visite, à notre retour d'Italie, conduite par Colette Duhamel dans ce qu'elle appelait « le petit port que m'a fait découvrir mon père », j'y suis revenue à plusieurs reprises, chaque fois en excellente et souvent tendre compagnie.

Avec Jean-Jacques, déjà, hébergés au Rayol, chez notre amie Marcelle Bréaud, dans sa villa *Thalassa*, bâtie sur une falaise d'où l'on voit les îles d'Hyères. Par temps calme, nous nous y rendions en petit bateau à moteur – et l'idée qu'il s'agissait d'une virée inhabituelle, qu'on allait là-bas nager en eau claire, faire de la pêche sous-marine, réconciliait Jean-Jacques avec ce que l'on aurait pu appeler des « vacances ».

Saint-Tropez en tant que tel lui plaisait moins : pas assez d'endroits escarpés ou sauvages – en dehors de Pampelonne, la longue plage alors déserte où ne s'aventuraient que les adeptes du bronzage intégral.

À chaque séjour, j'étais pour ma part un peu plus conquise et j'y revins souvent, y emmenant ou y retrouvant ceux que j'aimais.

Avec Roger Nimier, nous avons passé quelques jours seuls dans la maison isolée du Rayol. Nous nous sommes baignés à Gigaro, plage proche où croissaient alors des lis de mer. Poésie maritime qui déridait à peine ce bel enfant triste... Avant tout, je me souviens d'une nuit où, allongés côte à côte et nous tenant la main sur une terrasse, sans mot dire, nous sommes tombés dans les étoiles. Pour l'éternité, quoi qu'il dût s'ensuivre – du moins est-ce ce qu'alors j'ai souhaité...

J'y suis revenue dans des maisons louées ou prêtées – l'une appartenait à Germaine Taillefer, la grande pianiste – en compagnie de Florence Malraux, de Lefèvre-Pontalis, lequel me présenta Maurice Merleau-Ponty alors qu'il allait acheter ses *niñas* au café de la Ponche. Aussi avec Marie-Pierre de Brissac. Nous avions loué pratiquement pour rien un studio avec terrasse donnant en plein sur le port. Quel luxe enchanteur ! Quand j'y repense, j'ai le sentiment de l'avoir rêvé, tant une telle facilité d'existence, dans ce qui est devenu « Saint-Trop' », relève désormais de l'inaccessible.

Peu de voitures, à peine quelques bateaux de plaisance. Quant aux habitants du cru – les hommes dans leur barque, les femmes installées sur leur seuil ou carrément assises sur les marches –, ils considèrent la faune parisienne – les « zazous », comme ils disent – non comme une meute d'envahisseurs, mais comme un spectacle divertissant...

Cette fois, c'est en mission que je me trouve à Saint-Tropez : *L'Express* m'a dépêchée sur les lieux pour y interviewer Françoise Sagan – que je connais déjà – afin de la faire parler de son dernier livre, mais aussi pour découvrir comment elle vit avec sa bande – car elle ne peut supporter d'être seule.

Cette fille généreuse, disponible à ceux qui l'amusent, la distraient d'elle-même, me propose d'emblée de loger dans la maison qu'elle a louée derrière la Ponche, au cœur même de Saint-Tropez, où elle héberge ses amis. Il y a là Michel Magne, le musicien si doué, tôt disparu, Bernard Frank, Florence Malraux, Annabel (qui n'est pas encore Buffet mais va rencontrer Bernard ici, cette saison-là), et le frère de Françoise, son complice, Jacques Quoirez.

Y avait-il quelque chose de Sagan en moi, comme en de nombreuses femmes de notre génération – d'où le succès foudroyant de *Bonjour Tristesse* et de sa suite ? Je me sens immédiatement à l'aise dans le climat de nonchalance et de rires que Françoise sait créer partout où elle s'installe.

La Jaguar décapotée, clés sur le tableau de bord – Françoise laisse tout à portée, même l'argent, ce que lui reprochera devant moi une femme de ménage –, est parquée sur la placette un peu de guingois, à cause des pavés. Magne tape sans cesse sur le piano. Annabel, au beau corps ambigu, prend d'interminables bains de soleil, buste nu, sur le bord de plage qui longe la maison. Je couche dans la même chambre que Florence, la subtile, avec laquelle je bavarde et commente interminablement. Bernard Frank rêve – à sa future gloire ? – tout en savourant les copieux plats du Midi que l'on nous sert à l'un ou l'autre des restaurants du port. Jacques Quoirez m'emmène dans sa voiture rapide faire un tour jusqu'à La Garde-Freinet, musique de jazz plein pot, et je me dis que c'est ainsi que devrait être la vie, toujours : une course au bonheur que rien ne semble devoir interrompre. Avec pour unique décor l'inouïe beauté de Saint-Tropez.

La nuit, on danse le cha-cha-cha, toujours pieds nus, dans l'une des deux ou trois boîtes qui ne ferment qu'à l'aube. Françoise n'arrête pas d'avancer et reculer en mesure, avec ou sans partenaire, un peu raide, l'air ailleurs… Il lui arrive, le jour, de taper quelques mots, quelques paragraphes sur sa machine à écrire, ou de dormir, allongée sous une table, pour récupérer de sa nuit en attendant la suivante…

Quel contraste – absolu – avec la vie de discipline que j'ai menée et mène encore auprès de Jean-Jacques ! Or, non seulement Françoise Sagan réussit – « On lance une idée et la vie est d'accord », me dira-t-elle –, gagne un paquet d'argent, est de plus en plus célèbre et aimée de tous, mais *L'Express* – que je pouvais croire aux antipodes – considère comme important que j'aille la voir et écrive sur elle !

Le monde se révèle plus complexe et contradictoire que je ne le supposais. Toutes sortes de milieux se juxtaposent et en chacun les priorités sont différentes, tout comme les hiérarchies. Des univers de pensées ou de sentiments s'entrecroisent pour finalement se confondre dans ce qu'on appelle l'actualité.

Mais tout va si vite... Annabel part avec Bernard Buffet mener une aventure d'art et d'amour. Françoise écrit des chansons ravissantes que Michel Magne met en musique. Je prends des notes...

Le temps a fini de s'écouler en douceur et il faut rentrer à Paris dans ma 15 CV Citroën avec Bernard Frank et Florence Malraux. Nous nous serrons tous trois à l'avant (inexistence des ceintures de sécurité !). C'est moi qui conduis et nous roulons toute la nuit sur la nationale 7 – pas d'autoroute ! – avec un seul arrêt pour prendre de l'essence et boire un café chez un routier.

Aucun des trois ne dort de la nuit, nous ne parlons pas non plus, nous sommes tout à nos songes de retour à la vie « normale ».

Arrivée à Paris, je me couche quelques heures, puis me précipite à *L'Express* où l'on me dit que Jean-Jacques tient une réunion. Je l'aperçois au milieu d'un groupe de gens sérieux, et il parle. Pour moi qui suis pleine de visions ensoleillées, d'anecdotes, de gaieté, je brûle de partager cette aventure avec lui. En fait, de lui offrir mes émotions... Il me regarde à peine, m'embrasse distraitement, continue sa péroraison.

Brusquement, je ne sais plus où j'en suis : à quel monde est-ce que j'appartiens ? où donc est ma place ?

C'est la première fois que je me pose cette question si récurrente chez les femmes : *où est ma place ?* Elle reviendra, de plus en plus lancinante, sans réponse évidente. Jusqu'à m'en donner le vertige (La « tige verte », me disait Jérôme Lindon).

Serait-ce que j'ai envie de vivre comme Françoise Sagan, dans les nuits blanches, la facilité du succès, la griserie de l'alcool ? En quittant Saint-Tropez, j'en avais déjà assez. Mais le sérieux sempiternel des gens de *L'Express*, leur souci de la politique avant tout, si je l'admire et le respecte, ne me suffit pas. Il y a aussi les bêtes, les plantes, la mer, la campagne, le loisir, la danse... En fait, le bonheur.

Où est-il, en ce moment ? Comment l'atteindre, le partager avec Jean-Jacques ?

Mon reportage sur Sagan plaît. On m'envoie ailleurs : à Manosque, chez Jean Giono, lequel m'emmène en promenade sur le Ventadour, parmi les moutons et les « fayards », ces hêtres tenaces tordus par le vent.

Dans ma voiture – je sillonne la France avec appétit –, je vais jusqu'au mont Ventoux interviewer cette drôle de personne, Violette Leduc, l'auteur d'un beau livre gênant, mi-confession, mi-roman : *La Bâtarde*. Et je me rends à Nice, sur le vieux port, me perdre dans le beau visage indifférent de J.-M.G. Le Clézio.

C'est grâce aux livres, en fait grâce à *L'Express* et à ma croissante passion pour les écrivains et l'écriture, que je voyage de plus en plus, regarde, écoute, tente de me construire, me structurer – je le suis si peu, incapable de tenir debout toute seule... Les autres le perçoivent-ils ?

Sitôt que je m'éloigne, à chaque étape je téléphone à Jean-Jacques, et, dès que je suis partie plus de quelques jours, je n'ai qu'une hâte : revenir à lui.

Il est mon port d'attache, ma sécurité – en quelque sorte mon origine. Et ma conscience : je sais qu'à sa façon, Jean-Jacques ne veut que le Bien. Je n'en dirai pas autant de certains qui prennent la vie comme elle va, comme elle vient. Ces feux follets m'attirent, mais ne suffiraient pas à me combler ni à me retenir. Pas même l'irrésistible et talentueux Nimier, si renfermé, derrière ses paupières souvent closes sur lui-même et ses secrets.

Et Jean-Jacques, que ressent-il ? Je ne le lui demande pas. Nous ne nous quittons jamais, ni par la pensée ni par le cœur, ce qui fait qu'il n'a pas à me dire qu'il m'aime. Ensemble ou séparés, l'amour, nous le vivons.

À propos de critique

Par définition la critique est conservatrice – elle ne peut pas, contrairement à l'art, faire de sauts ; il faut qu'elle trouve des chemins pour rattacher le nouveau à l'ancien. Montrer que tout se tient.

La critique des contemporains s'attache aux défauts du chef d'œuvre ; elle a une exigence de perfection. Plus tard on n'en retient que les bons morceaux, acceptant à l'avance qu'une partie de l'œuvre ait vieilli, soit mauvaise. Déjà bien aise d'y trouver son affaire.

Ne pas apprendre la littérature comme une suite d'événements historiques ; en comprendre la nécessité de l'intérieur. Sentir vers quelles frontières pesait un écrivain. Éprouver le besoin d'une œuvre littéraire, ne jamais se forcer.

Pour moi l'œuvre d'art c'est quelque chose où je ne me sens pas nécessaire.

La liberté c'est la possibilité de vivre sans pour autant être d'accord.

Il faut bien qu'il y ait des gens pour apprendre par cœur les dictionnaires.

Le style de Georges Bataille n'emprunte qu'involontairement à la littérature. Toute l'énergie de l'esprit est tendue vers son combat, il lui semblerait le trahir d'en détourner une parcelle pour songer à la forme de ce qu'il écrit.

Il en est de même pour les mystiques, les philosophes. Un bon romancier devrait lui aussi considérer l'effet littéraire comme une mignardise, une vanité indigne. Alors il n'y aurait plus de « problème du langage ».

Écrire dans la panique.

Écrire sur une vision, la sentir monter, s'approcher ; puis l'attaquer pour la détruire en l'écrivant.

Stendhal a distingué l'amour de tête et l'amour de cœur. Il me semble qu'il y a aussi l'amour de l'âme, ce terrifiant vertige auquel on se défend de s'abandonner, qu'il n'est pas question de vivre puisqu'au lieu d'aider l'être à se conserver il ne travaille qu'à le détruire. C'est l'amour mystique qui ne connaît qu'un seul assouvissement : la mort.

On ne meurt jamais pour quelque chose, mais de quelque chose – d'une passion.

Ce barrage contre la vie qu'est un amour.

À certaines époques historiques on est plus sensible à certaines espèces de charme. D'un siècle à l'autre les personnages fatals changent de visage. La surprise de découvrir en soi ce pouvoir, cette magie. La plupart des charmes consistent à se trouver hors de la vie, pour de bonnes ou de mauvais raisons.

Certaines lâchetés ont de l'élégance – particulièrement à côté du courage frustre et bruyant. Il faut savoir beaucoup mépriser pour être en mesure de les démasquer.

Il y a des jeunesses menaçantes, de jeunes hommes dont le secret sent la poudre. Ils terrorisent les gens âgés, qui pour se rassurer, n'ont qu'un seul argument : souhaiter une décadence générale. Mais il y aura toujours d'autres jeunes hommes.

Ce qu'on regrette ce n'est pas tant de mourir c'est de s'éteindre. Si la mort était apothéose, nous nous précipiterions tous.

La gloire n'a qu'une pâte : la bêtise humaine.

Sagan confirme le public dans ce qu'il sait déjà. De là son succès lorsqu'elle lui montre la jeunesse, gentille et basse, telle qu'il l'imagine.

Colette : a obtenu tous les honneurs pour ses histoires impudentes. Mauriac : histoire d'homosexualité et de pédérastie larvées.

Guerre de 14 : Faulkner[1] en parle d'une façon lourde, effrayée. Se situe à l'extrémité de la condition humaine, comme l'ont fait les camps nazis avec en plus toutes les capacités d'organisation, de lucidité, de courage et de discipline consentie fonctionnant à plein.

Brave gueule des régimes fascistes.

---

1. *Personne ne l'appelle par son prénom, pas même lui.*

C'est l'air réjoui que mon mari rentre à la maison et, après avoir claqué la porte, m'avoir embrassée (Jean-Jacques est un embrasseur, seul l'un de ses fils, Édouard, l'est tout autant), me déclare :

« Je viens de déjeuner avec Hervé Mille, il m'a dit que la meilleure journaliste actuelle, c'est toi… »

L'Express publie en ce moment mes grands entretiens avec Céline, Sartre, Bataille… Je suis flattée, car Hervé Mille est à l'époque directeur de *Match* – « le poids des mots, le choc des photos » – qui tire alors à près d'un million d'exemplaires.

Toutefois, Jean-Jacques ajoute : « Mais Hervé m'a dit qu'il ne fallait pas le dire, ça ferait de la peine à Françoise ! »

Me voici ébahie autant que déçue : je me voyais déjà collaborant à *Match*, je m'en sentais les capacités. J'avais des choses à dire, à rapporter, à observer hors du domaine strictement littéraire. Reste que si Jean-Jacques est du même avis qu'Hervé Mille – et il doit l'être pour vouloir dissimuler à Françoise son appréciation –, c'est qu'à ses yeux aussi, en dépit de tous les succès que remporte son éminente collaboratrice, j'ai quelque chose – quoi ? – qu'elle n'aurait pas…

Et quelle habileté met Jean-Jacques à me le dire (il pouvait s'en dispenser) ou à me le faire accroire : du coup je me délecte, plonge dans l'illusion. Et y reste.

Et à elle, que lui dit-il à mon sujet ? « Madeleine est fragile, c'est à cause de son hypersensibilité, mais elle écrit bien, il faut la faire travailler – sans excès... »

Peu importe, la plupart des mots s'envolent et ce qui compte, c'est l'exemple ; or ces deux-là, sous mes yeux, jour après jour, travaillent « trop », bien plus qu'aucun d'entre nous, tout en donnant à leur entourage le sentiment qu'ils sont loin d'en faire assez à leur gré.

Pour Jean-Jacques il s'agit perpétuellement de « sauver la France ». Ce qui motive Françoise, c'est en partie son amour pour cet homme qui sait si bien exiger des femmes qu'elles lui donnent ce qu'il en attend – ce qui ne veut pas dire « tout », loin de là ! –, à quoi s'ajoute son besoin de réussite personnelle, si flagrant qu'il en est touchant.

« Ne pas faire de peine à Françoise » devient dès lors un leitmotiv : je ne dois pas trop me montrer ni me mettre en avant – sous-entendu : « Toi, ce n'est pas comme Françoise, tu n'as pas besoin d'être propulsée en pleine lumière... »

Il a raison, comme si souvent : je ne cherche pas à être la « première dame » ni à *L'Express*, ce qu'en aucune façon je ne saurais prétendre, ni dans les salons, rôle qui m'ennuierait. Seulement dans son cœur. Et là, j'ai le sentiment d'être la première, puisque c'est avec moi qu'il vit et veut vivre.

Aussi est-ce sans renâcler que je me plie aux conditions de travail qui me sont faites – je ne dis pas proposées, car je me retrouve toujours devant le fait accompli.

Ainsi Françoise ne tient pas à ce que j'aie un bureau à *L'Express* et je n'en aurai pas, sauf l'année où elle se trouvera éloignée et remplacée par Françoise Verny. Je bénéficie alors d'un poste avec plus de responsabilités, en particulier sur les titres, les sous-titres, les légendes. Je dispose d'un petit bureau – en fait, d'une table que je vais devoir quitter au retour de la directrice, après son année d'absence.

Pour l'opinion générale – inexprimée –, c'est presque une faveur qu'on me fait, par rapport à mes confrères et consœurs, que de rester tranquillement à la maison pour y écrire mes articles qu'un coursier vient chercher.

Par ailleurs, mon nom n'est jamais apparu au générique – à l'« ours » – et Françoise ne souhaite pas non plus que j'écrive dans une autre rubrique que les pages littéraires ; or j'aurais bien aimé, moi, rédiger aussi des éditoriaux comme j'en ai fait plus tard dans divers journaux, à la radio, sur les faits de la vie courante, l'air du temps et, pourquoi pas, la mode que Françoise se réservait.

Je n'ai pas non plus été promue, comme d'autres, dont ma belle-sœur, au rang de rédactrice en chef adjointe, alors que mon ancienneté m'y prédisposait.

Il faut dire que je ne réclame rien. Je suis si souvent lasse. Il faut une opération, que je dois exiger du chirurgien qui ne la juge pas nécessaire, pour qu'on découvre à la biopsie que j'ai des BK (bacilles de Koch) dans les trompes.

On m'ordonne de demeurer couchée des semaines durant, de prendre du Rimifon, d'éviter les efforts prolongés – en somme, je suis plus ou moins recluse à la maison à attendre Jean-Jacques en rédigeant des comptes rendus critiques de mes lectures. Dès que je peux me lever, je pars à la campagne, dans le

Limousin, ou pour la montagne, à Megève, ce qui exclut toute présence à temps complet au journal.

Françoise nourrit-elle alors le fantasme qu'un jour je ne serai plus là ? La tuberculose a ravagé ma famille paternelle. Quelle femme très amoureuse n'espère pas que le destin va la délivrer de celle qui est « en trop » ?

Quand je me suis retrouvée à mon tour amoureuse d'un homme marié, il m'est arrivé de souhaiter la disparition de « l'Autre », alors même que j'étais convaincue de ce qu'avance la psychanalyse : les vœux de mort n'ont jamais tué personne, ils soulagent, un point c'est tout...

Toutefois, le désir d'être débarrassé de quelqu'un de proche peut finir par contaminer l'inconscient de la personne visée, jusqu'à la pousser à des gestes irrationnels dont elle-même méconnaît l'origine. Cela n'a pas manqué.

Les deux mains sur le rebord du vieux lavabo de porcelaine blanche de notre salle de bains, je me regarde dans la glace.

Je ne vois rien en moi de bien particulier, ni de changé avec le temps qui passe. J'ai toujours eu le visage lisse ; dans mon adolescence, on me reprochait d'ailleurs de manquer d'expression – de par mon éducation, je me garde de laisser paraître mes émotions, jamais je ne crie lorsque je me blesse, de même que je n'explose ni de colère ni de rire... Ce qui fait que la fille aux yeux bruns qui me fait face avec ses longs cheveux châtain, sa bouche renflée, ne trahit rien de ce que je m'apprête à faire.

Jean-Jacques dort sur notre lit, dans la pièce voisine, porte fermée. Il est rentré du journal en coup de vent comme il lui arrive souvent, à l'heure du déjeuner, après avoir avalé un plat à la va-vite dans un snack ou un autre, et maintenant il fait la sieste une petite heure avant de repartir au galop pour un après-midi et une soirée de travail qui peuvent se prolonger tard dans la nuit.

Il ne m'a rien dit de ce qu'il a fait ni de ce qui le préoccupe, il ne m'a pas interrogée non plus sur mes activités, mon emploi du temps. J'avais pourtant envie de lui parler de tout, de rien, de mes rendez-vous, de mes rencontres, de mes lectures, de mes articles en cours. De ce qui me lie à son travail, et donc à lui. Il m'a seulement lancé : « Il faut que je dorme. Décroche le téléphone. »

Autrement dit : « Fais barrage... » Contre les autres, certes, mais dois-je aussi le faire contre moi ?

Or qui m'écoute en ce moment, à qui puis-je parler ? Pour dire quoi ? La réussite du journal est irréfutable et va croissant. Curieusement, cela m'éloigne des miens : pour eux, avec le succès, tout va bien de mon côté, et je préfère ne pas leur créer du souci.

Ma mère se relève lentement de sa maladie et ne doit pas être perturbée. Quant à mon père, sans rien en dire, il n'approuve pas sans réserve les positions de *L'Express* sur la guerre d'Algérie : il nous trouve en quelque sorte « anarchisants ». Conseiller à la Cour des comptes, c'est un homme de principes, et s'opposer ouvertement au gouvernement au point d'être saisis et censurés ne peut que l'inquiéter, voire même lui déplaire : cela fait « désordre » !

Si je venais me plaindre à lui de la vie trop agitée – on ne dit pas encore « stressée » – que je mène entre Jean-Jacques, que je vois à peine, et le journal qui l'absorbe, il penserait que je l'ai méritée !

De plus on ne laisse pas son mari courir comme il le fait... Car la liaison de Jean-Jacques avec Françoise Giroud, devenue de notoriété publique, lui a été rapportée.

Et, du côté de ma belle-famille, je sais ce qu'on en pense ; c'est bien simple : tout ce qui est bon pour Jean-Jacques est bon en soi ! Ma belle-mère se montre tout sourires pour Françoise, elle invite même sa fille, Caroline, à passer week-ends et vacances à Megève et à Veulettes.

C'est donc une chape de silence qui s'est peu à peu abattue sur moi, sous laquelle je me suis mise à étouffer. Quelque chose doit en être dit... doit s'exprimer d'une façon ou d'une autre !

Sur la cheminée proche du lavabo, il y a le rasoir de Jean-Jacques avec des paquets de lames. J'en prends une ; elle est bleutée. Du doigt je vérifie le tranchant du fil. Puis, d'un seul coup, au-dessus du lavabo, je l'enfonce dans la chair fragile de mon poignet gauche, puis dans celle du droit. Aussitôt le sang coule à flots dans le lavabo ; j'ouvre le robinet d'eau pour qu'il s'évacue, puis je contemple mes blessures.

C'est froidement que j'ai accompli ce geste, mais, à la vue du résultat, quelque chose en moi s'affole : ce que je vois là est dégoûtant ! Du rouge, bien sûr, mais aussi du blanc : les lèvres de la plaie sont béantes, surtout à gauche – la main droite y étant allé plus fort – où un tendon apparaît.

Je ne peux pas laisser les choses comme ça ! Jean-Jacques va se réveiller et il n'est pas question de lui infliger un pareil spectacle – comme toujours, je veux l'épargner, le protéger, mais, cette fois, contre moi.

Je me bande tant bien que mal les poignets avec des mouchoirs, j'ouvre notre répertoire et j'appelle un médecin que nous connaissons, le Dr Schwartz. Il collabore à *France-Soir* où il écrit des articles médicaux. Par chance, je tombe sur lui ; je lui explique en peu de mots que je me suis blessée et que ça saigne...

Comprend-il ? « Venez », me dit-il. Je prends les clés, saute dans la voiture, me retrouve avenue de Versailles où il consulte. Il me reçoit tout de suite.

« Bon, me dit-il, il faut recoudre. Vous avez de la chance ; les tendons ne sont pas touchés. »

C'est en silence qu'il procède à l'opération. Curieusement, je ne ressens toujours rien – on dirait que tout en moi est figé, même la douleur.

À l'instant où je vais partir – il refuse d'être payé –, il me dit : « Écoutez, tout Paris sait ce qui vous arrive, alors ne vous rendez pas ridicule. Ne vous laissez pas aller, tenez bon ! »

Ses paroles me surprennent : je n'ai pas pensé un seul instant que c'était à cause de Françoise que j'avais procédé à ce geste d'automutilation, en effet ridicule... J'avais plutôt eu le sentiment d'être prise d'une sorte de vertige métaphysique : envie de voir ce que j'avais sous la peau...

La parole du médecin réduit à mes yeux la portée et l'envergure de mon geste. Mais peut-être cela vaut-il mieux si cela m'autorise à me faire plaindre, prendre en considération ? J'ai donc un motif de ne pas être heureuse ! Que je l'admette ou non, je suis une femme trompée...

Quand je reviens à la maison, Jean-Jacques m'attend : le médecin a dû le prévenir par téléphone. Je vois bien qu'il est furieux et je ne suis pas particulièrement fière, avec mes bandages aux deux poignets – toutefois, si j'ai « fauté », n'ai-je pas fait en sorte de « réparer » aussitôt, et toute seule ? Pour cela, je mérite l'indulgence, et même un bon point, non ?

Mais je ne dis rien, j'attends qu'il parle. Me prenne en pitié, peut-être, en tout cas me console. Éventuellement me demande ce qui ne va pas, de quoi je souffre.

Je ne suis pas du tout préparée à sa réaction :

« La prochaine fois que tu as envie de te tuer, prends un revolver, ce sera plus rapide ! » – et il me tend une arme qu'il a gardée de la guerre.

Mon cœur se serre et devient dur comme une pierre. Si l'homme que j'aime me traite ainsi, alors tout m'est égal ! La vie comme la mort... Je saisis le revolver et, pour voir ce qu'il en est – je ne me suis jamais servi d'une arme – je vise la fenêtre et tire. L'arme n'est pas chargée. Mais de me voir agir, la colère de Jean-Jacques – toujours blanche – empire : il me gifle violemment d'un revers de main. C'est la seule fois de notre vie qu'il m'aura frappée.

Il me semble que j'assiste à cette scène de très loin, qu'elle ne me concerne pas, d'autant moins qu'elle n'est pas du tout ce que je prévoyais.

Qu'est-ce que j'attendais au juste ?

Des mots, bien sûr, des mots d'amour. Or Jean-Jacques, je devrais le savoir, est incapable de les formuler ; il ne sait qu'agir, démontrer. Sa claque – violente – est une « claque d'amour ». Celle qu'on donne à un enfant qui vous a fait peur parce qu'il a failli se faire écraser. Elle signifie : « Je ne peux pas vivre sans toi, ne me fais plus jamais ça !... »

Même si l'injonction est muette, je l'entends : je ne lui ferai plus jamais « ça » ; je ne tenterai plus de me faire du mal à cause de lui... Ni sous cette forme, ni sous aucune autre.

L'homme de ma vie a besoin que j'aille bien – en fait, que j'incarne la vie, quelque forme qu'elle prenne. Et la nôtre, qui certes n'est pas conventionnelle, est robuste. Nécessaire. Pour nous comme pour d'autres.

Le lendemain, je me présente au journal dans une veste dont je ne retrousse pas les manches, contrairement à mon habitude. Les pansements dépassent à peine, mais je remarque que Françoise y jette un coup d'œil. Je ne doute pas un instant que Jean-Jacques a dû lui parler de mon « exploit », et qui sait si le Dr Schwartz, qu'elle connaît aussi, n'y est pas allé de son commentaire ?

Toutefois elle ne me dit rien : ce n'est pas dans sa morale ; plus les affaires sont intimes, moins on en parle.

Et que pourrait-elle me dire – hormis ceci : « Jean-Jacques ne divorcera jamais pour moi, ne vous en faites pas pour ça... »

Ce qui est inutile, car je le sais.

Pour la bonne raison que j'ai déjà fait une tentative dans ce sens-là, une sorte d'esquisse de départ, une escarmouche – vite réglée.

Françoise en a-t-elle été informée ? Tandis qu'elle était aux États-Unis avec Jean-Jacques pour un voyage d'affaires, mais aussi de plaisir, enfin seuls loin du regard des autres, j'avais eu de mon côté une aventure avec un homme : un jeune écrivain qui me plaisait bien mais qui ne manifestait aucune envie d'aller plus loin que quelques brèves rencontres.

Tout de même, pour la première fois, voilà que j'ai été infidèle. Jean-Jacques est censé revenir seul par avion (Françoise est déjà rentrée) et j'avise le chauffeur du journal que je me charge d'aller le chercher à Orly. Mon intention est de tout avouer, car je me sens coupable.

Est-ce parce que je suis troublée ? J'arrive en retard à l'aéroport : l'avion a déjà atterri et les passagers sont partis. Jean-Jacques n'est plus là, il a dû prendre un taxi. Je repars chez nous en me sentant doublement fautive.

Je conduis aussi vite que possible. Je revois encore la configuration des arbres et des tournants de la route, la nationale 7 qu'on prenait alors pour aller d'Orly à Paris. Si ces images restent gravées dans ma mémoire, c'est que tout au long du trajet je me demande où cette route va me mener, et je m'apprête au pire...

Jean-Jacques est dans l'appartement, sa valise ouverte sur le lit. Je lui dis que je reviens d'Orly où je suis arrivée après lui sans trop comprendre pourquoi, car j'étais dans les temps. « L'avion a eu de l'avance ; c'est souvent le cas dans le sens ouest/est, à cause du vent... », m'explique-t-il.

Alors, tout à trac, je lui débite mon drôle de discours : « Je t'ai trompé, j'ai eu une aventure. Si tu veux, je te quitte, je pars. »

Quel coup d'œil il me lance alors ! Profond, inexorable. Une pensée me vient : « Il va me tuer, ce sera tant mieux. »

Pas du tout !

Il hoche la tête, sourit comme pour lui-même, se détourne pour continuer à défaire sa valise, dépose sur le lavabo sa trousse de toilette pour se raser et me dit : « Ce n'est pas l'essentiel entre nous. On ne change rien. On continue. »

De saisissement je tombe assise sur le rebord de la baignoire. Je me sens écartelée entre le soulagement et la déception.

Une part de moi trouve que sa réaction manque de passion : il devrait souffrir que je sois allée avec un autre homme, m'en vouloir et, sinon me tuer, du moins me battre ! Me faire jurer que je ne recommencerai plus.

D'un autre côté, j'apprécie que notre existence – à commencer par la mienne – puisse se poursuivre comme avant ; en fait, je n'ai aucune envie de le quitter. « On continue », a-t-il dit.

Plusieurs choses m'apparaissent alors. Je vais pouvoir mener des aventures, si l'idée ou l'envie m'en reprend ; mon mari vient en quelque sorte de m'accorder ma liberté sur ce plan-là. Par ailleurs, je perçois qu'il y a entre lui et moi quelque chose de bien plus puissant que ces broutilles que sont les amourettes ou les passades. Enfin, et c'est le fond de l'affaire, même si cela n'est pas évoqué : Françoise est là, certes, mais elle n'est pas capitale. La preuve : Jean-Jacques ne me quittera pas pour elle – je viens de lui en donner l'occasion, de le lui proposer, même, et, au lieu de sauter dessus, il refuse.

À partir de ce moment-là – celui du retour d'Orly –, quelque chose qui n'avait pas encore été exprimé, y compris le jour de notre mariage, s'est scellé entre lui et moi : quel qu'il soit, aucun autre être ne pourra nous séparer. Jamais.

Hélas ! cela ne suffit pas pour me rendre heureuse et me sentir comblée en tant que femme – d'où, par la suite, la déplorable affaire du lavabo dont je porte aujourd'hui encore, indélébiles, les fines cicatrices.

À la maison, Jean-Jacques travaille à son bureau, je lis dans la pièce contiguë... Le téléphone sonne, il répond, je n'entends pas ce qu'il dit mais il se lève, vient vers moi, l'air préoccupé.

– Françoise est en clinique, elle vient d'être opérée.
– De quoi ?
– Du ventre. Elle a saigné, il faut que j'aille la voir ; viens, je t'emmène. »

Une fois garés devant la clinique, – nous n'avons guère parlé pendant le trajet –, mon mari me demande de rester dans la voiture à l'attendre, comme d'habitude. « Il vaut mieux ne pas la fatiguer avec trop de monde, me dit-il, elle est encore très faible... »

Quand il revient, je le sens quelque peu soulagé : « Cela va, elle sera vite remise, mais elle a couru un risque, elle a appelé le médecin un peu tard. »

Lorsqu'elle est de retour au journal, j'apprends par Françoise qu'effectivement, saisie d'une douleur au ventre, elle est quand même allée interviewer je ne sais plus quel homme politique avec lequel elle avait rendez-vous. (À l'époque, une femme qui voulait se montrer l'égale des hommes au travail, comme le faisait Françoise, refusait jusqu'à l'extrême limite de tenir compte de son « ventre »...) Elle est assise face à lui quand la douleur devient intolérable ; livide, elle manque de s'évanouir et elle – ou quelqu'un d'autre – appelle le médecin qui la fait tout de suite hospitaliser.

Il s'agit d'une hémorragie interne, rien de plus grave ; on l'opère sur-le-champ et le chirurgien se voit dans l'obligation de procéder à une hystérectomie.

Ni elle ni Jean-Jacques ne me disent rien d'autre. C'est en lisant le livre de Christine Ockrent : *Une ambition française*, qu'après le décès de Françoise, j'apprends ce qui doit être la vérité ! Il se serait agi d'une grossesse extra-utérine. En le racontant bien plus tard, à l'époque où elle évoquait avec un attendrissement croissant leur histoire d'amour (la confidence vient avec l'âge : désormais il m'arrive d'en faire quant aux miennes), Françoise aurait ajouté : « Jean-Jacques a pleuré en l'apprenant. »

Alors dans les couloirs et l'ascenseur de la clinique il aura eu le temps de se consoler, car je ne me suis aperçue de rien. De toute façon, je n'ai jamais vu pleurer Jean-Jacques. Ses fils non plus. Sauf Édouard et il m'a raconté la scène : « Quand Papa a appris la mort de Mammy, à Pittsburgh, il est entré dans ma chambre – nous étions seuls dans la maison – pour me le dire. Ne sachant que faire, je me suis mis au piano, lui s'était assis sur mon lit, derrière moi. J'ai joué longtemps. Quand j'ai arrêté et me suis retourné, Papa pleurait. Alors je l'ai pris dans mes bras et j'en ai fait autant. »

Et voilà mon Édouard, des années plus tard, de se remettre à pleurer en me racontant ce grand moment d'amour et d'émotion, si rare, avec son père – et c'est à moi de prendre le fils dans mes bras.

Le temps passe, la mémoire fait son tri parmi nos souvenirs. Et si ceux que nous choisissons de garder étaient ceux qui nous ressemblent le plus ? Raconter ce qu'on pense, ce qu'on croit avoir vécu serait alors faire son propre portrait.

Tant que cela ne nuit à personne, laissons chacun se contempler à son gré dans le miroir terni de son propre passé. Les faits sont souvent peu de chose à côté de leur interprétation. Et de ce que la postérité, qui aime dorer les légendes, décidera d'en tirer.

Sur la route, avec mon mari qui sommeille à mon côté, je suis assaillie de pensées. Mais c'est d'abord une vieille chanson française qui me revient à l'esprit : *Partant pour la Syrie, le jeune et beau Renaud...* Jean-Jacques part lui aussi pour l'Algérie et je l'accompagne au camp de Mourmelon, dans la Marne.

« Prends le volant », m'a-t-il dit. C'est devenu rituel : Jean-Jacques conduit de plus en plus rarement lui-même ; c'est moi ou le chauffeur qui sommes chargés de le transporter, où qu'il aille. Et quelle confiance il nous fait ! À peine assis sur le siège avant, il l'incline au maximum et s'endort.

Il a été rappelé en tant que lieutenant de réserve par le ministre de la Défense, Maurice Bourgès-Maunoury. Les rappels d'officiers sont individuels, nominaux, et, dans son cas, il s'agit d'un coup bas : vu les positions qu'il a prises dans ses éditoriaux de *L'Express* en faveur de l'indépendance, contre la torture et l'envoi du contingent en Algérie, Jean-Jacques de toute évidence est haï, visé : par les cadres supérieurs de l'armée comme par le milieu des colons.

Sans compter le FLN dont les combattants ignorent l'action qu'il mène en France en faveur de ses thèses. Sous l'uniforme de l'armée française, il ne sera à leurs yeux qu'un occupant comme les autres.

Quand Pierre Mendès France apprend ce rappel, il s'indigne, est pris de colère : « Je vous interdis d'y aller ! Vous vous ferez descendre dès que vous aurez mis le pied là-bas. Je vais demander à ce qu'on rapporte cet ordre. »

Dans *Passions*, Jean-Jacques commente : « Il n'est pas commode de s'opposer à Mendès France, surtout quand il est hors de lui », mais lui-même est déterminé (« J'ai été à son école... »), et il lui répond qu'il n'est pas question de demander que la mesure soit rapportée : « C'est moi qui vous interdis d'intervenir, il y va de mon honneur... Puisque j'ai reçu l'ordre de partir, comme d'autres de mes camarades, je ne vais pas me défiler. J'obéis, j'y vais... »

Rien à objecter. C'est sa décision et elle est juste. Il ne nous reste qu'à trembler, nous autres femmes, ce que sa mère, Françoise et moi nous commençons de faire.

Pour l'heure, le rappelé est endormi dans ma voiture et, après m'être renseignée sur la situation du camp de Mourmelon, non loin de Reims, même si cela me coûte c'est moi qui l'emmène vers son destin.

Si je suis triste de devoir le quitter – c'est la première fois que nous nous séparons pour plus de quelques jours –, je n'ai toutefois pas trop d'inquiétude : aucun de nous ne connaît véritablement la situation à Alger et dans le reste du pays. Les échos rapportés par la presse sont parcellaires – secret défense – et rendus exprès rassurants. Le gouvernement cherche à faire croire que seuls quelques excités s'opposent à la pacification, laquelle serait réclamée par la grande majorité de la population ; d'après les communiqués officiels, la situation est sous contrôle, le soulèvement pratiquement maté, etc.

C'est au retour, lorsque Jean-Jacques, revenu pâle et amaigri, ne mangeant plus, dormant mal, se mettra à raconter et écrire ce qu'il a vu et vécu sur place, qu'il nous sera possible de mesurer les risques encourus. Et toute l'horreur de ce qui a lieu là-bas, recouverte par le mensonge et le silence.

Son témoignage est l'un des premiers en date. Bien d'autres viendront ensuite, tels ceux d'officiers comme Jacques Pâris de Bollardière sous les ordres de qui il va servir (de même que sous ceux du colonel Roger Barberot). Mais il y aura aussi les confessions de rappelés, lesquels, aujourd'hui encore, parlent avec peine et douleur de ce qu'il leur a fallu exécuter et endurer.

Mais, à l'époque, en métropole, on n'en sait trop rien.

Je stoppe la voiture devant la grille du camp de Mourmelon. La sentinelle nous fait savoir que, n'ayant pas de laissez-passer, je ne peux entrer. Contrairement à son réflexe habituel, Jean-Jacques ne proteste ni ne s'emporte contre le règlement. Il m'embrasse, s'extrait du véhicule, prend son bagage dans le coffre et pénètre dans le camp, en direction des baraquements.

Il se retourne, me fait un geste de la main. Cette scène, il me semble la reconnaître : tant d'autres femmes l'ont vécue avant moi, accompagnant leur homme au train ou au camion qui va l'emporter vers le front d'une guerre ou d'une autre... Et chacune de se demander si le regard que lui jette alors l'époux, le frère ou le père, n'est pas le dernier.

Je rentre à Paris, douloureuse. Le téléphone sonne : c'est Françoise.

Tout le temps que Jean-Jacques est en Algérie, nous ne cesserons de communiquer pour nous échanger des nouvelles, tenter de nous rassurer mutuellement.

Je reçois des lettres ; Françoise, qui a pris la direction du journal à la place de Jean-Jacques, est la destinataire de télégrammes, de dépêches, sans compter les renseignements fournis par Pierre Mendès France qui s'informe du sort de notre rappelé auprès des services de l'armée.

Là-bas, Jean-Jacques s'active, crée les « bérets noirs », lesquels vont s'implanter – avec succès – dans les villages autochtones où ils sont reçus en amis. Mais il est exposé : il échappe à un attentat, tombe avec son convoi dans une embuscade.

À son retour, il rapporte les éléments d'un livre, *Lieutenant en Algérie*, qu'il rédige en quelques semaines et qui, publié en feuilleton dans *L'Express*, secoue l'opinion.

À moi il ramène – je ne comprends pas tout de suite de quoi il s'agit, car il me fourre l'objet dans la main sans un mot – une petite chaussure de bébé tachée de sang, ramassée après un attentat sur un trottoir d'Alger.

J'ai longtemps conservé au chevet de mon lit la minuscule sandale blanche qui symbolisait tout à la fois la souffrance d'une population ainsi que la capacité de Jean-Jacques à la comprendre et à réussir à la faire partager.

Il est encore en Algérie quand je reçois un avis de l'aéroport d'Orly : un colis – à la fois urgent et encombrant – attend que je vienne le quérir. Me demandant de quoi il peut bien s'agir et ne sachant si je vais pouvoir le transporter, je m'en ouvre à mon jeune beau-frère, Jean-Louis. Il n'hésite pas : « Je t'accompagne. » En compagnie de son épouse, nous prenons le chemin de l'aéroport où, à la vue de mon avis, on nous dirige vers les entrepôts. Là, un employé nous conduit vers une caisse à claire-voie d'où sortent... deux grandes oreilles !

Quelle n'est pas notre stupéfaction ! C'est un tout petit âne ! Et qui me l'envoie ? Jean-Jacques, bien sûr...

Grand comme un caniche, guère apeuré, je n'ai aucun mal à l'installer sur mes genoux à l'arrière de la voiture de Jean-Louis. Sitôt arrivée à Paris, je l'emporte dans mes bras chez un vétérinaire qui le prend pour le toiletter – il en a besoin – et m'explique comment le nourrir.

Je le garde quelques jours dans mon appartement, à la surprise et à la joie générales. Le soir, l'ânon s'endort debout à côté de mon lit, la tête sur mon oreiller... Toutefois, il n'est pas question qu'il puisse continuer à vivre en ville. Hébergé un temps chez Philippe Grumbach, rédacteur en chef de *L'Express*, qui possède un jardin en banlieue, nous l'envoyons, dès qu'il est devenu assez grand pour se nourrir sans aide, rejoindre les vertes prairies de Normandie.

Se poursuit alors entre cet âne et nous, les Servan-Schreiber, une longue et tendre histoire d'amour : *SouaSoua* – c'est le nom donné à ce petit âne – se révèle être une ânesse qui, après une rencontre avec un âne de Veulettes, mettra au monde toute une progéniture d'ascendance algérienne. Une lignée qui se continue à l'heure actuelle.

Mais comment l'idée de me faire parvenir un ânon est-elle venue à Jean-Jacques, l'homme qui ne s'intéresse pas – mais pas du tout ! – aux animaux ?

C'est à son retour qu'il me conte l'histoire : il était sur un chemin de montagne avec quelques hommes de sa section de « bérets noirs », absorbé dans ses réflexions sur la difficulté des opérations en cours ; la colonne croise un ânier conduisant son troupeau dans l'autre sens. C'est quelques centaines de mètres plus loin que Jean-Jacques se dit : « Mais j'ai vu un petit âne qui trottinait derrière sa mère ! » Il appelle un de ses hommes : « Rattrapez cet ânier, achetez-lui le petit ânon au prix qu'il en voudra, et rapportez-le-moi ! » L'ânon est ramené au camp à bras d'homme – car il n'aurait su avancer sans sa mère – et, tout de suite, Jean-Jacques me le fait parvenir par avion à Orly.

Sans un mot d'explication, comme à l'accoutumée.

Mais l'envoi de cet ânon constitue un message – Jean-Jacques n'agit jamais sans motif ni pour rien – et, comme tout ce qui vient de lui, même si je ne l'interprète pas sur l'instant, je le reçois au plus profond.

Pour l'heure, il est en danger et – là encore sans se l'avouer – inquiet pour sa vie... et pour ce qui resterait de lui s'il venait à disparaître. Certes, il a fondé *L'Express*, mais pour qui ? Il n'a pas de descendance. Et lui qui n'a jamais songé jusque-là à avoir des enfants, qui sait que je ne peux pas en concevoir et – est-ce pour cela, par délicatesse ? – ne m'en parle jamais, se sent saisi par une angoisse vitale, métaphysique.

Dans les circonstances où il se trouve, prendre le temps de m'envoyer un tout jeune animal ne peut que signifier, à son insu comme au mien : « Je veux un enfant ! »

Et même : « Je t'en prie, Pussy, fais quelque chose... »

La scène se passe dans une petite pièce, celle du fond de notre appartement qui a la forme d'un triangle. Jean-Jacques est debout, silencieux ; moi, assise sur un fauteuil, les mains entre les genoux.

Depuis quelques temps, alors qu'il est revenu d'Algérie, que son livre est publié, je le trouve renfermé, attelé à sa tâche comme toujours, mais sans allant. Bien plus tard, à un autre homme dans le même état, je demanderai : « Que se passe-t-il ? » et il me répondra : « Je veux un enfant. » Je ne suis pas capable de lui en donner, ce qui fait que je me lèverai sur-le-champ et partirai pour laisser la place à une autre, féconde celle-ci (cf. *La Maison de Jade*).

Là, j'ai à peine plus de trente ans, je n'ai pas encore entrepris une psychanalyse, et ce qui me guide et me fait réagir, ce sont des pulsions venues de mon inconscient – que, sur l'instant, je ne m'explique pas. C'est donc sans l'avoir envisagé à l'avance ni prémédité que je lance à mon mari : « Et si nous divorcions ? »

Il se tourne vers moi, me fixe – sans doute pour vérifier si je suis sérieuse –, médite un instant, puis : « C'est une idée... »

Là-dessus, nous parlons d'autre chose.

Je sais toutefois qu'il a fait la connaissance d'une jeune fille de vingt ans, Sabine de Fouquières, venue dans son bureau lui parler du journal. À la fin de la guerre, Jean-Jacques avait servi sous les ordres de son père, le colonel Louis de Fouquières, et c'est celui-ci qui lui a téléphoné pour lui demander de recevoir sa fille : « Elle me bassine, avec ses commentaires et ses remarques sur ton journal ! Rends-moi un service : elle sait que je te connais, reçois-la ; écoute-la et qu'on n'en parle plus !... »

La petite jeune fille, habillée comme une pensionnaire du couvent des Oiseaux – une blonde au ravissant et fin visage, yeux bleus, sourire éblouissant et grosse voix de fumeuse qu'elle n'est pas encore ! –, débarque dans le bureau directorial de Jean-Jacques... Elle reste debout en balançant son sac, ouvre la bouche, le tutoie d'emblée et lui sort d'une traite une interminable diatribe – qui l'épate.

Par son bagout, mais aussi son intelligence, sa subtilité et une douceur que cache sa brusquerie de garçon manqué, Sabine le divertit. (Nous sommes en 1959, de Gaulle a pris le pouvoir, ce qui exaspère Jean-Jacques, et en dehors de tonner contre ce qu'il appelle le *pronunciamento* du Général, il ne voit pas ce qu'il peut faire.)

Sous le coup de l'amusement, mû aussi par l'une de ses fameuses impulsions, Jean-Jacques commet l'erreur – ou, au contraire, saisit-il sa chance ? – de parler ouvertement de sa plaisante rencontre à la conférence générale de *L'Express* :

« J'ai reçu une jeune femme qui a plein d'idées sur la façon dont nous pourrions améliorer le journal afin d'élargir notre clientèle à celle de la nouvelle génération qu'elle représente... Je lui ai demandé de me faire un rapport, il est excellent, je l'ai fait photocopier pour chacun de vous : le voici. Veuillez y réfléchir et me dire comment on peut en tenir compte... »

Cela devant Françoise Giroud, alors directrice de la publication au même titre que lui, et qui, bien évidemment, n'apprécie pas. Les idées concernant le journal, c'est son fief, le domaine dans lequel elle excelle, et qu'une toute jeune inconnue à peine nantie de son bac prétende s'en mêler est inadmissible, voire proprement scandaleux.

Quelle mouche a piqué Jean-Jacques ? Si Françoise le prend mal, j'ignore néanmoins si elle lui en a fait reproche.

Là-dessus, sans songer à un quelconque rapprochement, mais affectée, déconcertée par la mélancolie grandissante de mon époux – ce n'est pas son genre –, je lui propose donc le divorce.

Quelques semaines plus tard, il m'informe : « J'ai trouvé un avocat – en fait une avocate –, elle va s'occuper des papiers, pour le divorce... Tu n'auras qu'à en signer quelques-uns. »

Il n'avait pas eu à aller bien loin pour chercher son conseil : Me Jacqueline Trouvat est l'avocate de *L'Express* et comme je ne connais rien à la procédure et ne m'en soucie guère – j'ai en Jean-Jacques une confiance totale –, je ne demande pas à avoir le mien propre pour me représenter et défendre mes intérêts.

Quels intérêts, d'ailleurs ? Jean-Jacques, comme à l'accoutumée, dispose de mon sort en simplifiant les choses : « Tu restes dans l'appartement (c'est une location) : je paierai... Et tu travailleras toujours à *L'Express*. » Ces assurances me suffisent : du moment que j'ai un toit au-dessus de ma tête et un travail, je saurai m'en tirer... Et puis, je ne me vois pas réclamer ou poser des conditions : c'est moi qui demande le divorce, non ? (Lequel sera prononcé à ses torts à lui.)

Plus tard, mon ex-mari m'expliquera que les lois sur les sociétés ayant changé, il ne peut plus acquitter mon loyer, d'autant moins qu'il a maintenant des enfants ; plus tard encore, il vendra *L'Express* et le nouveau patron me mettra aussitôt à la porte... Ainsi s'éclipsent les promesses !

Mais je n'ai ni la mentalité ni le temps de penser à ces choses-là, c'est-à-dire à mon avenir. Si je dois en avoir un, ce qui, pour moi, à chaque étape de ma vie, me semble toujours douteux : un drame qui va tous nous faire chavirer – et, paradoxalement, alors que nous sommes en plein divorce, nous unir davantage encore – est en effet sur le point d'éclater !

Quand avons-nous reçu la première lettre ?

Ce doit être Jean-Jacques qui l'a ouverte, ou sa secrétaire, et il me l'a tout de suite montrée : « Regarde : qui peut bien m'envoyer ça ? »

C'est rédigé à la main – dans un assez joli style, ma foi ! –, et l'écriture est constituée de petits caractères imitant des lettres d'imprimerie. Le contenu est foncièrement injurieux, ordurier même.

Jusque-là, il est arrivé à Jean-Jacques de recevoir des lettres d'insultes, mais jamais sur ce plan-là, celui de sa vie privée. Et sexuelle.

Quand on est un homme public et qu'on s'exprime – il écrit toutes les semaines dans *L'Express* et il n'y va pas de main morte –, il est normal de se faire vilipender en retour. Ce qui fait que, l'effet de surprise passé, nous aurions vite oublié l'incident si cette première lettre n'avait été suivie d'une autre, puis d'autres encore, toutes sur le même ton – et même empirant dans la salacité.

Certaines, adressées chez nous, d'autres, chez elle, à Versailles, sont à l'intention de Sabine de Fouquières et contiennent des menaces – ce qui, évidemment, inquiète Jean-Jacques pour la jeune fille. Laquelle, pour son compte, a l'air de s'en moquer : Sabine a toujours été un être à part, rien de l'irrationnel ou du déraisonnable ne l'étonne ; elle n'y voit que des manifestations de l'au-delà avec lequel elle est au mieux, donc pas de quoi s'en faire !

C'est une amie proche, laquelle collabore à *L'Express* depuis longtemps, qui finit par nous mettre sur la voie. Elle est venue me rendre visite, elle sait que je divorce et tient à m'assurer de son soutien, s'il en est besoin. On sonne, le concierge nous apporte le courrier de l'après-midi ; parmi les enveloppes, je reconnais la subscription, c'est une nouvelle lettre anonyme ! Je l'ouvre – Jean-Jacques m'a demandé de les conserver – et ne peux m'empêcher de la montrer à F., avec les autres.

Elle n'hésite pas un instant : « Mais voyons, *c'est elle* ! »

Dès lors, cela me saute aux yeux ! D'ailleurs, plus les lettres vont se succéder, moins la scriptrice dissimulera son écriture... J'en suis saisie ! « Mais c'est inimaginable de sa part..., lui dis-je.

– Eh bien moi, cela ne m'étonne pas », me répond F., placide.

Lorsque Jean-Jacques rentre, je lui montre tout de suite les feuillets : « C'est F. qui vient de me le faire remarquer, regarde : tu ne reconnais pas l'écriture ? »

Comparer ces textes à d'autres lettres – d'amour, celles-là, et signées – ne requiert qu'un instant : la ressemblance est flagrante. Calamiteuse.

Afin de ne pas commettre d'erreur, de ne pas accuser à tort, Jean-Jacques soumet le dossier à deux experts graphologues différents ; leurs rapports à l'un comme à l'autre sont formels : c'est bien la personne en question qui a écrit les lettres, et l'un ajoute qu'elle se trouve dans un état de violence manifeste, dangereux pour elle comme pour les autres.

Je n'ai jamais regretté d'avoir épousé Jean-Jacques. Pas plus que d'en avoir divorcé : sinon, il n'y aurait pas eu ses quatre garçons et tout le bonheur qu'ils nous apportent.

Je ne regrette pas non plus d'avoir eu à « ramer », après notre séparation, du fait qu'il m'a fallu travailler pour gagner seule ma vie alors que je ne savais rien faire d'autre qu'écrire... C'est en faisant face à cette nécessité – je me suis retrouvée au chômage, j'ai dû pointer à l'ANPE – que je suis entrée peu à peu dans ce que j'ignorais jusque-là : la réalité de tous les jours. Le combat quotidien. Aussi la solitude qui, paradoxalement, vous rapproche des autres.

Non, je ne regrette rien, comme l'a chanté Piaf, reprise par la planète entière.

Sauf une chose : ne pas avoir su aider Françoise à ce moment capital de sa vie.

Sur l'instant, je me contente de trouver indécente cette explosion de délire à laquelle s'abandonne, par jalousie, une femme amoureuse...

D'autant que Jean-Jacques est là, penaud, malheureux, à se demander et à demander à son entourage – parmi lesquels il y a Mendès France, Jean Riboud... – ce qu'il peut bien faire pour calmer le jeu.

Sans compter qu'il a peur, réellement peur.

Car rien n'est pire, pour un homme, qu'une femme en furie – et par sa faute.

En plein après-midi, Jean-Jacques me demande de quitter l'appartement. Il entend demeurer seul pour l'épreuve qui l'attend : il a convoqué la scriptrice dans l'intention de lui dire que, ne pouvant, étant au fait, imaginer de continuer à travailler quotidiennement avec elle, il lui demande de donner sa démission.

Combien la scène à venir lui est pénible est évident : livide, mâchoires serrées, il va et vient dans le salon. Jean-Jacques ne supporte pas de blesser quelqu'un en face ; lorsqu'il s'agit de se séparer d'un collaborateur, même peu connu de lui ou indifférent, il charge l'un de ses chefs de service de le congédier à sa place.

Mais, dans une circonstance aussi douloureuse et privée, nul ne peut bien sûr se substituer à lui.

Qu'ai-je fait pendant ce temps-là ? À quoi ai-je pensé ? Quand je rentre, après lui avoir téléphoné pour savoir si le champ est libre, je le retrouve soulagé : il semble qu'il n'y ait pas eu de scène ni de protestations. La dame a déclaré avoir un dîner en vue et s'y rendre. Lui, me quitte pour aller retrouver Sabine à Versailles où elle habite chez ses parents.

Tout paraît donc « en ordre » – jusqu'au lendemain. Là, nous entrons dans le drame car, à la surprise générale, la femme abandonnée a commis une grave tentative de suicide... par bonheur ratée.

Quelle femme, confrontée à la même cruauté, n'en a fait autant ? Quittée sans préavis par mon jeune amant, je me suis retrouvée à mon tour à l'hôpital de Rambouillet.

D'une manière ou d'une autre, il nous faut manifester qu'un homme – l'homme que nous aimons, l'être face auquel nous nous sommes désarmées – a tenté de nous tuer.

De façon symbolique, certes : la plupart du temps, il s'agit d'un meurtre commis par le moyen des mots. Mais nous autres femmes, qui sommes des concrètes, des réalistes, nous poursuivons l'acte dans le réel : « Tu as cherché à me tuer et tu t'es arrêté en chemin, espèce de lâche ? Moi qui ai du courage, je vais achever ton geste, tu vas être content, je vais me tuer pour de bon ! »

Classique, banal. Abominable.

On dit qu'avec le temps, tout passe, tout finit par s'oublier. Je n'ai pas oublié ces jours-là, au contraire ; ils n'ont cessé de me hanter. Que s'est-il passé au juste qui n'aurait pas dû avoir lieu ? Du moins ainsi, dans une violence qui étonne de la part de gens qu'on peut considérer comme civilisés, rationnels, avertis ?

Pour comprendre, je compare à nouveau cette période avec l'état dans lequel j'étais après la rupture qui me fut imposée par un jeune homme qui avait alors le même âge que Jean-Jacques au moment où lui-même rompit avec Françoise – congé également suivi de ma réaction suicidaire.

Un homme de sa famille à lui me lança férocement au téléphone : « Vous avez joué, vous avez perdu. » Quant à mon amant, il me dit : « Tu devais bien te douter, étant donné notre différence d'âge, que ça se terminerait ainsi... » Effectivement, il était trop jeune pour moi. De son point de vue à lui...

Mais pourquoi diable faire ce constat « après » ? Toute la durée de notre liaison et jusqu'à la dernière minute, ce n'avait été que mots tendres, protestations d'amour éternel, lettres passionnées : « Si tu me quittes, je meurs ! »

Or, s'il m'avait prévenue d'entrée de jeu : « Cela n'aura qu'un temps ; pendant que ça dure, tâchons d'en prendre et d'en garder le meilleur... », je ne me serais pas ensuite sentie trompée, abusée, réduite à rien. Bonne à jeter – « comme un Kleenex après usage », disent la plupart des femmes abandonnées.

Si Jean-Jacques avait eu l'honnêteté de laisser entendre à Françoise qu'après une période fulgurante, *incandescente*, ils étaient entrés dans un compagnonnage de bon aloi, liés par la continuation de leur superbe œuvre commune – leur enfant, en quelque sorte –, mais que chacun allait désormais poursuivre sa vie à sa façon, leur séparation se serait passée en douceur.

Comme la nôtre, à lui et à moi.

Jean-Jacques, j'étais bien placée pour le savoir, depuis un moment déjà s'intéressait à d'autres femmes – il est incapable d'être longtemps fidèle : pas dans son tempérament.

Et elle ? C'est son secret. Mais je suis convaincue que si son « associé » lui avait présenté les choses d'une façon honorable, avec les mots qu'il fallait, en confessant son besoin d'avoir des enfants (elle-même en avait deux), de se créer une lignée, qu'il en avait l'âge à plus de trente-cinq ans – je pense qu'elle l'aurait admis.

Elle aurait pu sauver la face – et donc garder ses nerfs.

Moi aussi, plus tard, j'ai commencé à être lasse, sans oser me l'avouer, du huis-clos amoureux mais somme toute stérile avec mon jeune amant. Pas d'enfant, pas de travail en commun, la venue de l'âge et ses fatigues – je parle pour moi... Une seule réussite : nous avions bâti une maison – la « maison de Jade » – dans laquelle j'avais investi toute mon énergie et ma force de création (je n'écrivais plus). C'est d'avoir à y renoncer qui m'a, je crois, le plus blessée : d'être en somme chassée de mon « œuvre ».

Et c'est sans doute de la même chose que Françoise a le plus souffert : d'être expulsée de *L'Express* qu'elle avait fondé avec lui, pour lui – l'œuvre magistrale faite à deux et dans l'amour.

Elle allait, Dieu merci, récupérer sa place haut la main : dans Paris, le tout-Paris dont elle aurait le talent et l'habileté de devenir une figure de proue, tout comme au journal où Jean-Jacques se trouverait dans la nécessité de la rappeler... avec les honneurs !

Et elle aura d'évidence gagné, acquis quelque chose dans l'épreuve : une plus grande ouverture aux autres, davantage d'humanité.

Puis-je dire la même chose de moi ? C'est à partir de *La Maison de Jade* que je suis devenue « écrivain » – j'entends par là : libre de ma pensée, de mes sentiments, me considérant comme seule responsable de ma vie et de mes actes.

Un trajet qui avait débuté avec mon divorce.

Quand je la revois, c'est au journal. Elle est debout dans son bureau, elle feuillette machinalement des papiers et, sans me regarder, me murmure quelque chose sur sa souffrance terrible et le fait qu'une telle expérience l'a changée.

C'est la première fois qu'elle me parle d'une façon aussi intime ; ce qui fait que, gênée, je l'écoute à peine.

Il faut dire aussi que je pensais à moi : divorcée depuis moins d'un an, vivant seule – elle au moins avait sa fille –, je ne me sentais guère mieux lotie.

Nous aurions pu profiter de notre double désarroi pour nous unir – mais trop de silence nous séparait. Nous n'avons fait que continuer à travailler ensemble.

Tant qu'il y a eu « notre » *Express*.

À la réunion du Femina qui suivit son décès, j'ai proposé qu'en hommage, on ne la remplace pas : nous n'avions nul besoin d'être douze, onze Dames suffiraient amplement, comme la longueur de nos discussions en témoignaient. Quelqu'une s'est alors récriée : « Personne n'est irremplaçable... » (Curieux hommage à la tout juste disparue !)

Ce que je puis dire, en ce qui me concerne, c'est que ma vie n'aurait pas été la même, ni sans doute ma façon de penser, si je n'avais pas connu cette femme dont j'ai envie de dire non seulement qu'elle est irremplaçable, mais que sa place dans la société comme dans les cœurs, elle se l'était conquise toute seule, à la force de ses frêles poignets.

Sans doute était-elle ouverte à toutes les idées venant des autres – combien se sont plaints d'avoir été en quelque sorte « pillés » par la très grande journaliste ? Mais comment être bonne journaliste sans être perméable en permanence à tout ce qui vient d'autrui ?

Sans compter que tout ce qu'elle a récolté, glané, elle l'a ensuite amplement redistribué. Dolto, à qui je me plaignais un jour du sentiment de mon insuffisance sur le plan politique, peut-être aussi familial, me rétorqua : « Tu donnes tes livres, ça suffit ! »

Quand on songe à tout ce que Françoise Giroud a donné par ses livres, ses articles, ses scénarios, sa parole, son action dans bien des domaines et aussi aux autres, cela fait plus que « suffire » : c'est énorme, magnifique.

Mais nul n'a exercé sur elle d'influence en profondeur, pas même les siens : Françoise Giroud était et reste sa propre création.

À ce propos, je me souviens de Jacques Lacan me parlant d'elle après qu'il l'eut eu un temps sur son divan. Nous étions dans le parc de l'hôpital Sainte-Anne où j'étais venue le chercher pour aller déjeuner, et il trépignait, tapait du pied – comme il lui arrivait lorsqu'il était irrité :

« Je lui avais pourtant dit de ne pas être moraliste ! Pourquoi est-ce qu'elle continue ? »

Parce qu'elle se fichait bien de tes conseils et de tes avis, ô cher Jacques : Françoise n'appartenait qu'à elle-même.

Et c'est vrai qu'elle s'est affublée d'une tenue de moraliste dans ses dernières années, comme le faisaient les dames à la cour des rois lorsque leur beauté se fanait.

J'ai d'autres souvenirs de fugues à deux, loin de *L'Express* : nous nous sommes baignées ensemble dans la piscine d'Eden Roc, à Antibes ; elle est venue aux Portes-en-Ré où elle a habité la villa dite de La Colline, a fréquenté avec moi la conche des Baleines ; j'ai pris une photo d'elle et de Jean-Jacques, qui la surnommait « La Diva », sur la terrasse du chalet Nanouk, à Megève...

Quand, après treize ans de mariage, j'ai fini par divorcer, dirai-je que c'est à cause d'elle ? Plus la vie avance, plus j'en vois et en apprends, et plus je suis convaincue que lorsqu'une femme et un homme se séparent, ce n'est jamais « à cause » de l'autre, autre homme ou autre femme... En fait, quelque chose s'est distendu entre eux deux, ce qui fait que l'un ou l'autre, parfois les deux en même temps (ce fut notre cas), ont envie de prendre des distances, de se séparer, d'aller voir et continuer ailleurs...

Comme l'aurait dit Françoise Dolto : « Ils ont échangé ce qu'ils avaient à échanger... » Mieux vaut alors garder le meilleur du couple que l'on fut – à commencer par les enfants.

Reste que personne n'aime se faire vider. Même si on le souhaite, on préfère être le premier à prendre la décision de rompre. (Ce fut mon cas avec Jean-Jacques.) Sinon, quel barouf !

Après que j'eus publié mon roman d'amour et de rupture intitulé *La Maison de Jade*, Françoise, fait exceptionnel, m'envoya un commentaire, ce qu'elle ne faisait pas ni ne fit jamais plus : « Madeleine, vous avez écrit un beau livre de souffrance. »

Il est vrai que Jean-Jacques, pas mal plus jeune qu'elle – ainsi que l'était mon amant d'alors –, en rompant, lui avait infligé une souffrance que la lecture de mon roman avait probablement ravivée.

Mais est-ce l'homme que l'on regrette dans ces cas-là, ou de voir partir, avec son « chéri » – tel celui de Colette –, les derniers éclats de sa propre jeunesse ? En 1960, quand Jean-Jacques et moi avons divorcé afin qu'il puisse épouser la toute jeune Sabine, et que, du même coup, il rompit avec sa maîtresse, Françoise allait sur la cinquantaine. Sa fureur me choqua, car je me croyais pour ma part invulnérable à ce genre de dépit amoureux que je pensais dû à la jalousie...

Et voilà qu'une fois parvenue à l'âge qu'elle avait à l'époque de ce drame, j'en tâte à mon tour ! D'être confrontée dans les mêmes circonstances – mon amant voulait une femme plus jeune pour lui faire des enfants – à ce qui vous apparaît comme pire qu'un abandon – un rejet pour cause de « prescription » – m'a rapprochée de Françoise par la pensée (nous n'en avons jamais parlé), ce qui m'a aidée à mieux la comprendre. Et à mieux l'aimer.

Me voilà seule pour la première fois dans ce qui est devenu « mon » appartement ! Pour quelle raison est-ce que je monte sur la table, celle de la salle à manger, et esquisse un pas de danse ?

Puis je sors et me rends dans un magasin d'objets de luxe du faubourg Saint-Honoré où je n'étais jamais entrée jusqu'alors, et j'achète, cher, ce dont j'ai le moins besoin (je ne fume pas) : un cendrier en cristal taillé !

Geste idiot et par là même symbolique : j'ai acquis ma liberté, donc le droit de faire ce qui me chante, de dépenser l'argent que je gagne comme il me plaît, et je le manifeste. Mais, du même coup, j'ai aussi obtenu – cela, je ne le sais pas encore – la solitude.

La vraie, celle que chante Barbara, la solitude aux hanches étroites, cette grande dame sans merci qui vous attend au coin de la rue, qui se tient derrière la porte quand vous rentrez chez vous, couchée avant vous entre vos draps froids.

Non, je ne le sais pas, dans les premiers temps, mais entre la solitude et moi c'est un mariage qui commence et n'est pas près de finir.

Il y avait bien un homme dans mon existence, juste avant mon divorce : un jeune et séduisant écrivain sur lequel je croyais pouvoir compter. (Paroles, paroles...) Deux jours après le départ de Jean-Jacques, il me téléphone : « Vous le savez, n'est-ce pas, c'est fini entre nous ! C'était bien, mais voilà... »

Voilà *quoi* ? A-t-il eu peur de me savoir libre ? Quelques mois plus tard, il se mariait avec une jeune femme qu'il quitterait assez vite pour une autre. Peu importe, sur l'instant, je ne vois qu'une chose : cet homme ne veut plus de moi dès lors que je suis sans mari...

Ce pourrait n'être qu'une déception, mais dans l'état de fragilité où je suis – on ne divorce pas impunément d'un homme qui a un autre amour et va se remarier dans l'année –, j'entre dans ce qu'on appelle aujourd'hui la « galère ».

Je ne sais que faire de moi, comment organiser mes journées, quel but poursuivre, à qui parler, ni que dire.

Me reste mon travail : je m'y plonge, je n'ai jamais autant lu, autant écrit pour le journal qu'à cette époque. Cela ne me prend pas tout mon temps. Alors je roule en voiture. Au hasard. Un jour, je vais comme ça, sur une impulsion, jusqu'à Deauville ; je descends de voiture, m'avance sur la plage, touche l'eau, remonte dans mon véhicule et rentre à Paris dans l'appartement si désespérément vide.

Et immobile : l'un des signes majeurs de la solitude est que les objets ne changent pas de place tout seuls, d'où une propension à laisser du désordre pour essayer de faire « vivant ».

Les week-ends, il m'arrive de prendre des somnifères et d'en reprendre dès que je me réveille, jusqu'au lundi matin.

Quelque temps plus tard, Sabine, nouvellement mariée avec Jean-Jacques, m'offre un chat. Un prince siamois. C'est mon premier animal. Coup de foudre, angoisse : saurai-je l'élever ? C'est lui qui m'apprend comment faire ; il me relie à la vie quotidienne : il faut manger, dormir, choisir les meilleurs fauteuils, se câliner... Hélas, trop pur de race, il meurt.

C'est le début d'une longue chaîne de joies intenses et de profonds chagrins. Chats, d'abord, puis chiens. Je leur dois mon adaptation à l'essentiel : vivre au présent. Ils ne connaissent que cela, les pauvrets, et aussi la découverte de l'amour absolu, sans failles, sans questions : c'est toi et personne d'autre, je ne te quitterai que pour mourir. Et, moi disparu, mon fantôme ne te quitte pas...

Aujourd'hui, en plus de mon compagnon animal actuel, une ribambelle de chiens et de chats invisibles m'accompagnent et me protègent, où que j'aille. Ce sont mes remparts contre la solitude. Contre le désespoir. Pour eux, je n'y ai plus droit.

Jean-Jacques, lui, n'a jamais eu d'animal en propre. Quand il en rencontre un – parmi les chiens et chats de Sabine ou les miens –, s'il se montre doux dans ses gestes, si c'est d'une main légère qu'il les écarte quand ils occupent son fauteuil, grimpent sur son lit, se frottent contre sa jambe, il ne leur adresse pas la parole. J'ai beau réfléchir, je n'ai jamais entendu Jean-Jacques appeler un animal par son nom ou lui causer, ne fût-ce que pour lui donner un ordre comme nous le faisons tous.

Il lui arrive toutefois – rarement – de parler d'eux. Récemment, il se reposait chez moi, à Ré, et ma chienne Lola allaitait ses cinq chiots. « Regarde, me dit-il soudain, viens voir ce que Lola a fait. C'est magnifique ! Elle est devenue responsable... » Ce qu'il voyait en fait en elle, ce n'était pas la chienne, mais la mère dont le comportement provoquait son admiration, comme celui de toutes les mères humaines.

Ce regard qu'il posait sur ma chienne – il lui arrivait d'aller l'observer en douce plusieurs fois par jour – le transfigurait : parce qu'elle se dévouait à ses petits, elle était devenue pour lui une personne.

Cet homme-là n'en finit pas de m'étonner.

Chaque fois que Jean-Jacques fait ce que d'autres appellent « des bêtises » – en fait, se lance dans une opération hasardeuse, comme de se présenter dans le Sud-Ouest alors qu'il est déjà élu solidement dans l'Est de la France –, cela se passe pendant l'été. Sans doute parce qu'il s'ennuie, tout le monde ou presque étant en vacances... Or, à l'époque, cet homme dont le corps et l'esprit sont sans cesse en mouvement a besoin perpétuellement d'action et aussi de transgression, de défi.

Pour épater qui ? Les hommes de son entourage, les femmes, lui-même ? Ou pour apaiser son insatisfaction : en dépit de ses efforts, le monde ne change pas aussi vite qu'il le voudrait.

Cet été-là, il est dans un avion en compagnie d'une très jolie femme, lorsque celle-ci lui tend un livre : « Avez-vous lu ça ? » C'est *Histoire d'O*, le chef-d'œuvre érotique signé Pauline Réage.

Le temps d'atterrir et voilà Jean-Jacques, subjugué par sa lecture – il n'a guère l'habitude de lire des romans, encore moins des romans érotiques –, qui déclare à sa compagne de voyage :

– Mais c'est merveilleux ! Ça a été publié quand ?
– Il y a déjà un moment...
– Tout le monde devrait avoir lu ça !
– Mais beaucoup de gens l'ont lu, je vous assure, et dans le monde entier...

– Pas tout le monde ! La preuve, je n'en avais jamais entendu parler... Je vais le publier dans *L'Express* ! Cela va distraire nos lecteurs pendant les vacances...

– Jean-Jacques, vous rêvez !

Il rêvait, certes, mais il le fait.

Françoise Giroud, à l'époque ministre de la Condition féminine de Valéry Giscard d'Estaing, est absente du journal. Toutefois, son nom figure toujours à l'« ours » en tant que directrice générale.

Comme elle refuse de cautionner l'affaire en écrivant un papier d'introduction, Jean-Jacques, comme chaque fois que la situation ne se résout pas d'elle-même, fait appel à moi. Il me charge de convoquer l'auteur, Pauline Réage – pseudonyme sous lequel s'est longtemps protégée Dominique Aury – et de l'interviewer. Puis d'écrire la présentation d'une suite d'extraits choisis d'*Histoire d'O* – un feuilleton qui va courir sur trois numéros.

Scandale ! Des lecteurs dénoncent leur abonnement, Françoise Giroud reçoit à son ministère comme à *L'Express* un courrier accusateur : « Ce livre est une offense aux femmes ! Alors que vous avez mission de les défendre, comment pouvez-vous accepter qu'un récit où l'une d'elles est mise en esclavage sexuel par son amant soit publié dans votre journal ? »

Comme Madame le ministre n'est pas responsable, elle le prouve en exigeant que son nom soit retiré de l'« ours ». Jean-Jacques, lui, jubile : il a réussi à faire parler de lui et de son journal en cette période d'été où il ne se passe rien.

Dominique Aury est tout aussi contente : grâce à cette publication, son ouvrage, aussitôt réédité par Jean-Jacques Pauvert, se revend largement et, grâce à ses droits d'auteur, elle pourra s'acheter une petite maison, porte de Vanves, où elle terminera paisiblement ses jours.

À comparer aujourd'hui *Histoire d'O* à l'actuel et croissant déluge d'ouvrages érotiques féminins allant allègrement jusqu'à la pornographie, on peut se demander pourquoi l'affaire a été si chaude alors.

C'est qu'il y a trente ans, sortir avec tapage publicitaire une littérature « osée », écrite de surcroît par une femme, dans un hebdomadaire à grand tirage, était purement et simplement de la provocation – même si, depuis peu, ce n'était plus un délit. Giscard venait en effet d'abolir la censure avec son cortège de poursuites, d'amendes, de saisies à l'encontre d'œuvres considérées comme contraires aux bonnes mœurs. (Y compris des classiques tels que ceux de Sade, Baudelaire, Apollinaire, Bataille, Mandiargues, ce qu'on appelait alors l'« enfer » des bibliothèques.)

Peu de temps auparavant, *Histoire d'O* se vendait encore sous le manteau et, pour le mettre à la portée de tous, il eût été préférable d'y aller plus en douceur... Pas le genre du directeur de *L'Express* ! En décidant de publier ouvertement le « brûlot » (à peine expurgé de quelques mots jugés trop crus) – et cela, contre l'avis de la majorité de sa rédaction –, Jean-Jacques se montrait une fois de plus agitateur, mais aussi précurseur.

Et moi, je continue à le suivre sans question, sans souci des conséquences, comme d'habitude...

Une fois encore Jean-Jacques vient de me charger d'une mission de confiance. Chaque fois que mon ex-époux se trouve face à un problème qui lui paraît délicat, il fait à nouveau appel à moi.

Nous sommes en 1968 et il prépare la publication en Amérique du *Défi américain*. Un événement : il veut, il désire à juste titre que son énorme best-seller – plus d'un million d'exemplaires vendus en France – en soit également un aux États-Unis. Tout dépend évidemment de l'éditeur, mais aussi de la qualité de la traduction.

L'éditeur, Michael B., est un ami de longue date. Celui-ci lui aurait dit : « Je vais te donner le meilleur traducteur qui soit : il se trouve que c'est ma femme ! »

Bien. Affaire réglée ! croit Jean-Jacques qui, par réflexe, fait confiance aux femmes. Et voilà qu'il me convoque chez lui, me tend quelques pages : « Lis ça et dis-moi ce que tu en penses. »

Ce sont les premières pages du *Défi*, traduites dans un anglais plutôt approximatif, sans le style et sans le rythme de l'original – je suis suffisamment anglophone pour en juger dès les premières lignes.

– C'est nul, dis-je.

– C'est bien ce que je pensais, me dit Jean-Jacques, soucieux. Seulement voilà : je ne sais pas comment dire à Michael que je n'en veux pas. Tu comprends, c'est sa femme qui l'a traduit et il l'a épousée depuis peu. Je ne peux me permettre de le vexer : il risque ensuite de saboter la sortie de mon livre...

– Jean-Jacques, tu ne peux pas laisser publier ça : c'est un massacre !

– C'est bien mon avis. Il faut que tu ailles à New York.

– Moi ? Pour quoi faire ?

– Pour expliquer à Michael que ça ne va pas et pour me trouver un autre traducteur. Vite, c'est pressé !

– Mais pourquoi moi ?

– Parce que tu es ma femme...

– Ton ex-femme, tu veux dire...

– C'est pareil, et puisqu'il s'agit de l'épouse de Michael, en lui envoyant « la mienne », je lui prouve que je tiens à ménager ses sentiments... C'est un honneur, somme toute.

Curieuse façon de raisonner ! Toutefois, me rendre à New York, aux frais de Jean-Jacques, dans de bonnes conditions, en descendant dans un excellent hôtel, n'est pas fait pour me déplaire.

De toute façon, je ne saurais refuser de lui rendre ce service, puisqu'il ne tient pas à y aller lui-même. Une preuve de plus de son incapacité à affronter, dans des conversations difficiles, ceux avec lesquels il entretient des rapports affectifs. Jean-Jacques ne peut pas « rompre » avec qui que ce soit, du moins dans le face à face. Il n'y parvient qu'en prenant la fuite... ou en déléguant.

Reste que moi-même, je n'étais pas tellement fière d'avoir à délivrer, dans son bureau new-yorkais, mon message déplaisant à l'éditeur américain : je viens lui dire que la traduction du *Défi américain* entreprise par sa femme est inacceptable. Du point de vue de l'auteur comme aussi du mien. Va-t-il me faire exécuter comme, aux temps anciens, le messager porteur de mauvaises nouvelles ?

Presque : il se brouille avec moi – qui ne suis rien à ses yeux – à défaut de pouvoir se le permettre avec Jean-Jacques, son trop précieux auteur ! Et ce sera pour toujours : Michael B. ne s'occupera jamais de m'éditer ou de me faire publier en anglais. J'aurais bien aimé, pourtant...

Le jour même, par miracle, je trouve le bon traducteur. (Quand il s'agit de Jean-Jacques, il me pousse des ailes...) Par l'entremise d'Arthur Schlessinger – ami de longue date de Jean-Jacques comme de moi-même –, j'obtiens le nom d'un jeune économiste américain qui écrit aussi pour son propre compte. Il va accepter de renoncer à ses vacances pour s'atteler à la traduction – urgente – du livre.

Je lui téléphone d'une cabine située à l'entrée d'une bouche du métro new-yorkais. Un pied en l'air, car ladite cabine est dans un escalier, je lui explique l'affaire tant bien que mal, en lui promettant que le montant en dollars des honoraires alloués sera digne de son effort – Jean-Jacques, sur ce plan comme sur les autres, m'a donné carte blanche.

Le lendemain, à mon hôtel où nous avons rendez-vous pour faire connaissance, il m'apporte déjà le premier chapitre traduit dans la nuit – j'apprécie l'exploit. C'est excellent. Affaire conclue. Je suis contente, je puis rentrer.

Le Défi américain sera un best-seller aux États-Unis comme il l'aura été en France et ailleurs, et si j'ai perdu un éditeur potentiel, je me suis fait un ami américain : pendant des années, ce jeune traducteur me rendra visite à chacun de ses séjours à Paris.

Bien plus tard, le même Jean-Jacques – comme dit Alain Delon dans un récent téléfilm : « En vieillissant, on ne change pas, on s'aggrave » – me charge d'une mission encore plus délicate et même douloureuse : expliquer à une femme avec laquelle il vit depuis quelque temps qu'il la quitte pour retourner avec Sabine (dont il était séparé).

Je l'ai fait avec cœur, amitié, cherchant des motifs de consolation et aussi des justifications à ce qui apparaît comme insensé à la femme quittée : pourquoi Jean-Jacques n'est-il pas venu l'en avertir en personne ?

C'est que faire souffrir le fait souffrir... Or c'est en bâclant une déclaration de rupture – acte auquel il faut donner autant d'importance qu'à une déclaration d'amour – qu'il déclenche des drames en chaîne qu'il ne parvient plus à maîtriser.

Comme lors de sa séparation d'avec Françoise.

Je persiste à penser que, s'il avait su s'expliquer avec cette femme de sens, à ce moment-là de leur liaison (laquelle s'attiédissait, comme il est normal quand, après des années de fréquentation, on ne vit toujours pas ensemble), elle aurait pris les choses comme elle savait si bien faire : avec tenue, dignité et finalement philosophie.

D'autant que sortir d'une liaison adultère – j'en sais quelque chose –, même si l'épreuve fait souffrir le cœur, c'est aussi un soulagement : l'air redevient plus frais autour de soi, plus respirable... La situation paraît plus honorable.

Et puis, soyons sincères : après des années de passion à demi vécue, en fait, en semi-esclavage, on pressent que de nouvelles aventures nous attendent – si elles n'ont pas déjà commencé...

Tout compte fait, Jean-Jacques est un *homme de peu*. J'entends par là que ce qui est de l'ordre du matériel l'encombre ; il n'aime pas les objets et ne s'entoure de certains – je n'ose même pas dire qu'il les possède – que par nécessité.

Il y a ses vêtements, quelques costumes qui se ressemblent par leur forme et leur couleur sombre, ses affaires de toilette – renouvelables –, sa montre (important), son réveil (essentiel), aucun bijou – il a vite perdu son alliance –, son agenda (capital). Quoi d'autre ? Il aime quelques photos, qu'il fait tirer en grand, de sa famille (mère, femmes, enfants)... Lorsqu'il voulait (veut encore) me faire un cadeau, il fait tirer une photo de nous, la fait encadrer – au plus simple – et me l'offre avec un grand sourire... J'en suis émue, touchée au cœur.

Lui-même déteste les cadeaux, on est prié de ne pas lui en offrir, ni pour son anniversaire ni à Noël – un objet nouveau sous sa garde ne saurait que l'embarrasser... (Peut-être le seul trait juif immémorial qui subsiste en lui : il lui faut perpétuellement se dessaisir...)

Pour le reste, il n'a jamais eu de voiture immatriculée à son nom ; elles étaient au journal, à moi ou à Sabine. Du moment que ça roule, qu'il peut le bosseler en se garant, n'importe quel véhicule lui convient.

Il a particulièrement horreur des biens immobiliers et c'est par d'ingénieuses manœuvres que Sabine est parvenue à préserver un appartement à Neuilly et une maison de famille à Veulettes – en pensant aux enfants.

En constatant cela, je me dis qu'un tel détachement explique en partie qu'il ait si facilement vendu *L'Express* ou la maison familiale de Megève

Bien entendu, il ne possède aucun meuble. Ni portefeuille bancaire. Quant à garder ses femmes... Ce sont elles, dans chaque cas, qui décident ou non de rester à ses côtés.

J'en parle à David : « Il y a quelque chose de l'ascète, chez ton père, non ? – Oui, me dit le psychiatre après réflexion et comme s'il délivrait un diagnostic ; une certaine forme de spiritualité... »

Ce matin-là, quand il quitte l'appartement où nous avons vécu plus de treize ans ensemble, Jean-Jacques n'a qu'une petite valise à la main ; elle contient ses vêtements, quelques papiers, sans doute son rasoir et sa brosse à dents. Il se dirige vers l'entrée, va pour ouvrir la porte, se retourne, me regarde – et tombe par terre, évanoui.

Ce départ, pourtant, est son choix, il le souhaite, il part pour aller vivre avec Sabine, mais l'idée de me quitter et de me perdre lui est insupportable. Comme il est incapable de l'exprimer, il le manifeste en perdant connaissance.

Je suis alors envahie par un sentiment qui me dépasse, venu de je ne sais quel au-delà : lui et moi ne nous quittons pas, nous ne nous quitterons jamais, nous sommes unis pour ce monde-ci et pour l'autre... Qu'on ne nous embête pas avec les convenances ; la réalité – c'est quoi, la réalité ? – est qu'entre cet homme et moi, c'est définitif. Point final.

À peine neuf mois plus tard, en avril 1961, on sonne à ma porte, il est près de huit heures du soir : c'est Jean-Jacques. Il tient devant lui un énorme bouquet qui obstrue l'entrée.

Il a l'air heureux, presque enfantin ; il pousse un énorme soupir : « Pussy, j'ai un fils ! » Il me fourre le gros bouquet rond entre les mains, et repart comme il est venu, sans être entré.

Je prends les fleurs, referme la porte. Je ne sais si je vais rire ou pleurer, les deux sans doute. Il a ce qu'il désire le plus au monde à ce moment précis de sa vie : un fils.

Et moi, je n'ai rien – que son bonheur à lui.

Après quelques errements et égarements, je finis par me retrouver en couple, pour quelque temps, avec un jeune homme qui a le mérite d'être gentil et fort beau. La première chose que je fais, c'est de le présenter à Jean-Jacques qui nous invite à séjourner chez lui, à Veulettes, avec Sabine et les enfants.

Nous y allons, bien sûr, mais, pour moi, ce n'est pas un moment de bonheur. Me revoilà sur cette terrasse où j'ai laissé des souvenirs, des traces – certains des meubles viennent de moi ; j'avais gravé mes initiales entrelacées à celles de Jean-Jacques sur le toit, ou les avais tracées dans certains livres de la bibliothèque ; ma photo se trouve près de celle de sa mère... Mais je ne suis plus chez moi, plus du tout.

Avec mon nouveau compagnon, je me comporte en invitée, ce que je suis. D'autant plus que Jean-Jacques est toujours aussi muet, incapable d'exprimer ses sentiments profonds, et même de se définir. A-t-il été tant soit peu jaloux que je continue sans lui ma vie amoureuse ? En tout cas, je n'en ai jamais rien su, il ne m'en a jamais dit un mot.

Sauf une fois, et par écrit : alors que nous étions encore mariés, il m'a laissé un bref billet sur mon oreiller à propos d'un homme qui me tenait sans doute trop à cœur : « X. est homosexuel... » Cela m'a fait d'abord rire, réfléchir ensuite, vu le peu d'entrain que mon amant d'alors mettait à se retrouver au lit avec moi – ou avec d'autres, à ce que j'en savais. Une fois de plus, Jean-Jacques avait vu juste...

Parfois, il m'invitait au déjeuner qu'il prenait quotidiennement avec ses fils. C'est autour de cette table que je fis peu à peu la connaissance de ses enfants, mais sans qu'on leur dise rien de ce qui s'était passé entre leur père et moi, ni qui j'étais. Toujours l'incapacité de Jean-Jacques à s'exprimer dans le domaine affectif et sentimental... Au point qu'un jour l'aîné, David, qui devait avoir cinq ans, me lance : « Qui tu es, toi, une secrétaire ?

– En quelque sorte », lui dis-je, mi-amusée, mi-vexée... Pour ce qui était des secrets, certes, j'en avais !

Cet état de transition entre mariage et divorce va durer plusieurs années. Puis ma vie avec un autre homme – marié, celui-ci – va m'absorber et me déséquilibrer de plus en plus, au point que je vais entamer une psychanalyse qui durera plus d'une décennie. Je dois alors me reconstruire et, par là même, reconstituer mon histoire en commençant par l'oublier, par faire table rase... Dur et lent travail qui ne ménage rien ni personne du présent comme du passé.

Je retrouverai Jean-Jacques plus tard.

Soudain, quelqu'un me pose la question au téléphone : « Alors, il paraît que Jean-Jacques vend *L'Express* ? »

À l'époque, en 1978, ma vie personnelle battait de l'aile, je venais de rompre non sans douleur une longue liaison et de terminer du même coup ma première psychanalyse, celle avec Serge Leclaire. Je n'avais guère envie de plaisanter avec ce qui m'apparaissait comme des ragots, une fausse rumeur... Jean-Jacques vendre *L'Express* ? Et quoi encore !... D'abord, si c'était vrai, si l'idée lui en était venue, il aurait commencé par m'en parler. Depuis son échec électoral à Bordeaux, puis le scandale de la publication d'*Histoire d'O* dans *L'Express*, il se tenait un peu plus à carreau...

– D'où tirez-vous ça ? Bien sûr que non ! Autrement, je le saurais. Cela ne peut pas être vrai...

Ça l'était.

J'en eus rapidement confirmation non par Jean-Jacques lui-même, mais par les échos qui couraient à l'intérieur du journal comme dans le reste de la presse.

Je souffrais de solitude, à l'époque. Ce qui fait qu'un changement venant non de moi, celui-ci, mais de l'extérieur, me fit l'effet d'un soulagement : il se passait enfin quelque chose dont je n'étais pas responsable... Quoi, exactement ?

Huit jours plus tard, lorsque la secrétaire du nouveau patron du journal, le financier Jimmy Goldsmith, m'appelle pour me proposer un rendez-vous, je me sens plutôt contente, et même alléchée.

Que me veut cet homme ? Je sais qu'il a déclaré vouloir reprendre la rédaction du journal en mains et faire en sorte qu'on aille à nouveau de l'avant.

Il est vrai que, depuis que Jean-Jacques est député en Lorraine, il est moins souvent rue de Berri et des opinions divergentes sur les engagements politiques de *L'Express* et la façon de le diriger opposent les membres de la rédaction. Quant à Françoise, devenue ministre, elle a momentanément cessé d'être parmi nous.

On ne peut pas dire que le bateau aille à vau-l'eau, mais il manque d'un capitaine. Et si c'était ce nouvel homme ? Pour ma part, en tout cas, j'ai envie, besoin de travailler plus. Ne serait-ce que pour me changer les idées.

C'est donc confiante que j'entre dans le grand bureau du dernier étage dont la belle terrasse fleurie donne sur les toits et qui, il y a quelques jours encore, était celui de mon ex-époux.

Las ! À peine suis-je assise dans le magnifique bureau aux meubles gainés de cuir clair où trône désormais le financier, celui-ci n'y va pas par quatre chemins : « Je vous demande de bien vouloir me donner votre démission ; vous toucherez les indemnités auxquelles vous avez droit. »

Que ce soit en amour ou en affaires, chaque fois qu'on me laisse entendre qu'on m'a assez vue, je ne perds pas une seconde à demander pourquoi on ne veut plus de moi. Orgueil, fierté, mépris ? Je m'en vais.

Ainsi en est-il ce jour-là : je me lève avec la courte satisfaction de voir que mon renvoyeur est surpris par la rapidité de ma réaction. Il se lève à son tour, me raccompagne jusqu'à la porte. Je lui souris, il me sourit, on se serre la main – opération promptement menée de part et d'autre et qui se révélera définitive : je n'ai plus revu Goldsmith avant sa mort. (Ce jour-là, le colosse, c'en était un, rayonnait de bonne santé, mais allez savoir ce qui couve en chacun... Entre-temps, il avait revendu *L'Express* dont, tout compte fait, il se moquait comme de ceux qui l'avaient créé et de ce qu'on y écrivait.)

Quand je me retrouve dans l'ascenseur qui me ramène de l'étage de la direction jusqu'au trottoir, je suis abasourdie. Jean-Jacques ne m'avait-il pas promis – à moi, mais aussi à mon père : j'ai gardé la lettre – que je travaillerais *toujours* au journal ?

Je rentre, je lui téléphone ; il est avec Sam Pisar, son avocat, l'artisan de cette vente : « Je suis licenciée par Goldsmith ! – Ça alors, me répond Jean-Jacques, je n'aurais jamais cru ça ! – Sam non plus... »

Ils l'envisageaient si peu – ayant, j'imagine, d'autres soucis en tête – qu'ils n'avaient pas jugé bon, dans les clauses de cession du journal, de demander que l'on me gardât jusqu'à ma retraite. C'était possible : n'étais-je pas l'une des dernières à avoir été là depuis le premier numéro ? Ils auraient aussi pu le faire pour quelques autres fidèles comme Philippe Grumbach, longtemps rédacteur en chef, qui furent débarqués à leur tour et en conçurent une juste amertume. (« Jean-Jacques nous a vendus », me confia Philippe.)

Dans les jours qui suivent, nul ne me téléphona pour s'informer de mon sort – chacun se faisait à juste titre du souci pour le sien – et me dire qu'on regrettait mon départ. Sauf un, le critique littéraire, écrivain et aujourd'hui académicien français Angelo Rinaldi, que je ne fréquentais qu'à peine jusque-là et qui devint pour moi, dans l'instant, un ami définitif.

« Vous allez manquer à *L'Express*, Madeleine ; ce que vous y faisiez est irremplaçable... »

Quel baume ! Connaissant l'exigeante rigueur de Rinaldi, je me fiais à son jugement : je n'avais donc pas été renvoyée parce que j'étais « nulle », mais par le fait du prince. Je compris par la suite qu'aux yeux du nouveau propriétaire, je faisais partie, avec quelques autres, du « clan » de Jean-Jacques – donc à liquider.

Pourquoi n'ai-je pas protesté, fait du barouf, déclaré à cor et à cris que c'était inique, que je ne méritais pas pareille exclusion, qu'en me perdant le journal perdait beaucoup et que Jean-Jacques ne respectait vraiment pas ses engagements, fussent-ils sous seing privé, à mon égard ?

En réalité, j'étais sonnée par autre chose que mon renvoi : par ce qui venait de se produire dans ma vie de femme : j'étais à nouveau vouée à la solitude – « Et la femme en toi, me dit plus tard Françoise Dolto, que devient-elle ? » –, et je crois que ma vie professionnelle, ce qu'on appelle la « carrière », m'était à l'époque bien égal.

La vie tout court aussi, peut-être.

De nombreuses années vont passer et Jean-Jacques comme moi allons mener des vies qui se révéleront riches en événements.

Toutefois, le chemin que poursuit Jean-Jacques demeure public, et même le devient de plus en plus alors que je m'enfonce dans le privé qui me conduit à cette existence pratiquement souterraine, tout à fait clandestine, qu'est celle de la pratique de la psychanalyse.

Ce qui fait que lorsque nous nous retrouvons, à temps réguliers, pour ainsi dire jamais seuls, nous n'avons pas grand-chose à nous dire. Je ne vais pas lui raconter que je me « cherche » sur un divan : cela ne pourrait que nous éloigner encore plus...

Quant à lui, il est hors de question, vu son côté taciturne, qu'il me narre la façon dont il tente d'aménager son second mariage, même si, en quelque sorte, j'y ai participé. Pour une part il en résulte une immense réussite – la naissance des quatre fils – et pour une autre part une certaine mésentente – due à ses perpétuels silences, j'imagine – qui conduira à une séparation de quelques années.

Pour ce qui est du reste de son existence, autrement dit sa carrière, je n'avais qu'à lire le journal !

Devenu père, Jean-Jacques changeait-il ? Je ne le crois pas, la preuve en étant qu'il menait tambour battant ses affaires, et parfois bien trop vite. En fait, là aussi, sans explications suffisantes à son entourage comme à son public.

Ceux qui feront sa biographie finiront sans doute par s'apercevoir que ce qui a déterminé non pas la plupart de ses actes, mais *tous* ses actes, c'était son dédain de l'explication. Et donc de la justification ; ce qui a sa grandeur, mais qui a permis à ceux qui ne l'aimaient pas ou le redoutaient de ternir trop facilement son image.

Comme il ne répliquait pas, on pouvait lui appliquer l'adage : « Qui ne dit mot, consent » – alors qu'il avait amplement en mains de quoi se défendre.

Mépris de l'interlocuteur ? Je dirais le contraire : il jugeait tout le monde si intelligent, si ancré dans le bon sens, dans la réalité – comme il pensait l'être lui-même –, qu'on n'avait qu'à *le* comprendre sans qu'il ait à s'expliquer.

En plus, il se sentait pressé par le temps et l'ampleur de la tâche qu'il envisageait – rien de moins que réformer la France – pour gaspiller ses forces à ânonner ce qui lui paraissait, à lui, des évidences.

Avec certaines personnes ce procédé marchait à merveille. Déjà avec moi, si je puis me mettre au premier plan, mais aussi avec Françoise Giroud, et de même avec Mendès France (pas jusqu'au bout), avec sa mère (peut-être l'initiatrice de ce sous-langage), avec sa sœur Brigitte (jusqu'à un *clash* douloureux) ; aussi avec ses fils, mais pas tout le temps, sauf peut-être avec Édouard, le dernier-né, si doué pour le décryptage des intentions d'autrui, dont celles de son père...

Jean-Jacques, en effet, est à décrypter. C'est d'autant moins évident qu'il peut par ailleurs condescendre à exposer sa pensée longuement, patiemment, logiquement – oralement ou par écrit. Du moins quand il décide de « prendre la parole », ce qui représente pour lui un effort – contrairement au cas d'autres hommes politiques qui « tchatchent » sans désemparer.

Il s'y est appliqué dans ses multiples éditoriaux qui lui ont apporté la renommée, dans sa campagne en Lorraine qui lui a permis d'être élu député de Nancy, lorsqu'il parlait avec des hommes comme Pierre Mendès France sur la politique à mener en Indochine, ou avec François Mitterrand, à Latché, sur la nécessité d'introduire au plus vite l'informatique en France et dans les écoles.

Là, il pouvait se montrer prodigieux de clarté, de conviction, de force et d'humilité mêlées. Quand je le voyais et l'entendais faire, en privé ou en public, j'en avais des frissons, comme chaque fois qu'un comportement m'émeut ou que, dans une parole, je reconnais de l'abnégation et de la grandeur. Et souvent Jean-Jacques en a fait preuve d'une façon méconnue.

Puis le moment de grâce se termine ; il rompt les liens, le charme, cesse de s'investir, passe à autre chose – du fait qu'il s'embête ou qu'il s'est inventé un nouvel objectif.

Certaines femmes ont fait les frais de ce désintérêt subit, on pourrait dire de cette fuite. Le voilà qui fait volte-face. D'où les à-coups dans sa vie sentimentale comme dans sa trajectoire politique. Qui ne se souvient de l'affaire de Bordeaux ! Ses électeurs lorrains ont d'autant moins compris qu'il n'a pas jugé bon d'expliquer pourquoi il était allé se présenter à un siège de député en Gironde – qu'il ne briguait pas vraiment – alors qu'il venait d'être élu et acclamé à Nancy...

Il y eut aussi, parmi ces tournants trop brusques, la vente de *L'Express*. Ce journal qu'il avait créé à partir de rien, c'était son socle, sa richesse, son arme et son armure – et mieux encore : son enfant... D'un jour à l'autre, il le « brade », et nous, son équipe, avec !

Aux rares questions auxquelles il accepte de répondre, il bredouille quelque chose sur la nécessité de se consacrer entièrement à sa mission politique – avec pour objectif non dévoilé la présidence de la République, en tout cas le poste de Premier ministre. Il ne saurait en même temps assumer les fonctions de directeur de journal et ce genre de responsabilités, prétexte-t-il. Or, pourquoi pas ? Françoise ne pouvait-elle s'occuper de *L'Express* comme elle l'avait fait lorsqu'il était militaire en Algérie, lui conservant, en cas de pépin ou d'échec, sa place au chaud ?

Cette vente qui avait tout d'une autodestruction, elle, Françoise, est la première à ne pas l'avoir comprise, et elle le lui reprochera jusqu'à la fin de sa vie, en privé comme par écrit dans ses mémoires.

Détruire sans la consulter ce qu'ils avaient bâti ensemble, c'était pour elle comme une seconde rupture amoureuse. D'autant plus pénible qu'elle se révéla par surcroît une erreur.

À la suite d'une reprise d'analyse avec Françoise Dolto, j'éprouve un sentiment de délivrance, nouveau pour moi et extrêmement reposant, celui d'être « hors passion ».

Mais ce n'est qu'une pause, un mirage d'été, car quelques semaines plus tard – très exactement le 11 septembre 1981 –, je succombe à un coup de foudre. Réciproque. Avec un homme que je rencontre au cours d'une réception chez mon analyste, devenue une amie, ce qui m'inspire confiance.

Qui alors est responsable de cette « rechute » : elle, moi, le destin ?

Quoi qu'il en soit, c'est magique et je savoure le charme d'une rencontre qui me déroute presque autant que la toute première, celle avec Jean-Jacques. Cette fois aussi, c'est sur un baiser que d'un instant à l'autre je quitte tout pour suivre mon séducteur – là où il veut bien m'emmener.

Et je me retrouve... sur une île ! L'île Saint-Louis.

De nos fenêtres, celles d'un rez-de-chaussée du quai d'Orléans, je vois la Seine, une autre île, celle de la Cité, le transept de Notre-Dame, la passerelle qui y mène, et, tous les soirs, les ronds de lumière projetés à travers les arbres par les bateaux-mouches se reflètent jusque sur nos plafonds.

Pendant plus de trois ans, c'est avec un plaisir ébloui, insatiable, que je remonte chaque matin les stores des six fenêtres à petits carreaux sur ce paysage ineffable, tandis que mon compagnon dort encore.

C'est un homme jeune – il a une vingtaine d'années de moins que moi. Et c'est fougueusement qu'il m'a arrachée à mon immobilité, à ce XVIᵉ arrondissement où je suis née, où j'ai toujours vécu, pour m'emmener sur cette île où lui-même réside depuis sa naissance. (En échange, je lui fais connaître l'île de Ré, qui le séduira presque autant que la sienne.)

La passion nous enflamme et, comblés, aveuglés, nous vivons par-dessus la vie, ses exigences, ses férocités, ses contraintes...

Sous le pont Marie coulent la Seine et nos folles amours !

Ces années-là, submergée par l'imprévu de ce bonheur – il a la bénédiction de Françoise Dolto, laquelle nous aimait tous les deux –, j'en oublie les déchirures de mon passé.

Tout y contribue : mon père, subitement veuf, est à nouveau parmi nous. Je me souviens particulièrement d'un moment de grâce – en fait, réparateur de tant d'années sans lui et sans vraies fêtes familiales. C'est un soir de Noël, chez nous, dans l'île Saint-Louis, autour du foie gras, du champagne, de la dinde aux marrons, il y a là réunis mon père et ma mère, séparés depuis plus de quarante ans, ma sœur, la mère et les oncles et tantes de mon compagnon, lui et moi... Françoise Dolto est passée dans l'après-midi nous apporter des fleurs et ses vœux de bonheur.

Comme on dit aujourd'hui : tout baigne !

Pour un court laps de temps, car la malédiction qui me poursuit frappe à nouveau : un soir de septembre, à son tour mon compagnon me déclare qu'il est temps, qu'il lui est devenu nécessaire, indispensable d'avoir des enfants. N'a-t-il pas trente-cinq ans ? L'âge qu'avait Jean-Jacques lorsqu'il a lui aussi été saisi par un irrépressible désir de paternité. À mon amant, de même, il faut aujourd'hui une autre femme que moi : une femme féconde.

Je devine qu'il l'a déjà en vue – comme Jean-Jacques avait déjà remarqué Sabine – et dans l'instant je me lève et pars : je le quitte comme j'ai quitté Jean-Jacques. Mais, cette fois, ce n'est pas de mon plein gré, bien que ce soit pour le même motif : je ne peux pas donner d'enfants à l'homme que j'aime.

Un autre homme, quelques années auparavant, n'avait pas voulu quitter ses enfants pour vivre avec moi en dépit de notre amour mutuel, me précipitant dans la même douleur ; laquelle, avec la répétition, va croissant. Je sens que je tombe dans un gouffre dont je ne suis pas sûre d'avoir envie de ressortir.

Où en est Jean-Jacques pendant mon aventure sur l'île ? Je n'ai guère eu la possibilité de m'en préoccuper : mon nouveau compagnon me désire toute à lui, ce qui me flatte et me rassure : « Tu ne seras plus jamais seule », m'a-t-il dit. Aussi, pour achever de solidifier ce qui nous unit, ai-je renoncé à voir Jean-Jacques tout comme ses fils.

Les aînés, dont David, s'en étonnent : qu'est-ce que je fais donc ? Rien d'évident : je n'écris plus, je dessine à peine. Toutefois, quelque chose de capital, d'essentiel, qui, par la suite, va me permettre de devenir une femme adulte, est à l'œuvre : je vis pour la première fois une vraie vie de couple ; je m'occupe des soins du ménage, de la cuisine, dans la constante compagnie d'un autre – et aussi, en sus de mon chat, d'un chien. Mon premier chien.

Et, sans le savoir, du fait de la présence à mes côtés de cet homme, dans une fidélité que je n'avais pas connue jusque-là, je me construis. Comme disait mon père, je deviens « normale ». Prête à affronter l'inévitable épreuve à venir.

Depuis, la vie m'a enseigné une chose : tout vous sera retiré par le fleuve du temps qui vous emporte – qu'il soit tranquille ou non –, tout, sauf les souvenirs du bonheur. Ils sont incrustés en vous pour toujours et, si on les laisse agir, ils vous envoient continuellement des flots de sérénité.

Au cours de mes brèves années sur l'île Saint-Louis, j'ai vécu dans la joie. Maintenant, si tout ce qui est de l'ordre du visible a disparu, à commencer par mes parents, certains de mes amis, le chien, cette joie-là demeure.

Après mon passage sur l'île, je me réveille soudain seule, contrainte de retourner dans l'appartement de l'avenue Pierre-Ier-de-Serbie, avec ses nombreux souvenirs, que j'avais cru quitter pour toujours.

Mais Jean-Jacques n'est plus en France : j'apprends qu'il est à Pittsburgh, une ville des États-Unis dont je n'avais pas retenu le nom jusque-là.

Qu'y fait-il ? Il a fui la France, laquelle, par certains de ses représentants, lui a fait comprendre qu'elle ne voulait plus de lui.

L'Amérique, en revanche, en la personne de quelques grands professeurs d'université, est venue le quérir, on peut même dire le secourir, lui offrant un poste de choix dans cette université de Pittsburgh particulièrement vouée à l'informatique.

Prenant avec lui ses quatre fils – dont le plus jeune, Édouard, n'a alors que quatorze ans –, il est parti.

Sans me dire au revoir. C'est que, tout au long de mon aventure passionnelle, je n'étais guère joignable, ni disponible.

Une éclipse pendant laquelle, il est vrai, je n'avais pas perdu mon temps : si, jusque-là, j'étais « écrivante », cette fois, sur un livre, *La Maison de Jade*, je me retrouve sacrée « écrivain ». Aux yeux des autres comme, ce fut plus long, aux miens.

Jean-Jacques est animé par un curieux fantasme : celui de l'homme seul. Il vénère, a toujours admiré les chefs, les hommes d'État qui prennent soudain une décision à l'encontre des conseils et avis de leur entourage, contre leurs propres troupes, leurs alliés, leur garde rapprochée – bref, contre tout le monde.

Dans le lot il y a Winston Churchill, son héros, et aussi de Gaulle qu'il admire en secret. Les « insoumis » qui, en prenant le « maquis », en quelque sorte, sans consulter personne, si ce n'est leur foi et leur conviction, ont triomphé et rallié à eux tous ceux qui les avaient critiqués et désavoués.

Une épopée. Or lui aussi, au début de sa vie, avait déjà vécu des défis avec succès : quand il avait bravé les règles du pilotage pour sortir premier de son entraînement. Quand il avait créé *L'Express* contre l'avis de routiers expérimentés du journalisme tels que Lazareff. Quand il s'était présenté à Nancy à la stupéfaction du monde politique : qu'allait-il faire en Lorraine, ce demi-juif parisien ? Aussi – et je faisais partie des objecteurs – quand il avait transformé le journal en news-magazine. Ce qui avait exigé le déménagement de nos locaux des Champs-Élysées à la rue de Berri : « C'est le débarquement ! » m'avait-il dit.

Chaque fois il avait triomphé en partant seul en avant. Sa volupté.

Mais, cette fois-là, la vente de *L'Express* n'allait pas aboutir à une réussite. Ou plutôt si : Jean-Jacques réussit totalement le plus invraisemblable de ses objectifs : être seul ; cette fois, il va l'être...

Dès les premiers numéros, *L'Express*, qui ne lui appartient plus, se retourne contre lui et critique son action en Lorraine et ailleurs. Sa carrière en pâtit : il ne sera pas réélu député, il ne sera plus président du parti radical-socialiste. Il ne sera pas désigné comme candidat au Parlement européen... Tout lui échappe. Il est seul avec ses idées qui continuent d'être en avance, parfois même prémonitoires.

François Mitterrand, qui apprécie ses qualités, aimerait le prendre dans son gouvernement, mais sait trop à quel point, aux yeux des siens, cette nomination serait impopulaire. Jean-Jacques agace ses proches et s'il y a quelque chose que pratique Mitterrand, à l'inverse de Jean-Jacques, c'est ménager et entretenir son cercle rapproché.

Toutefois, il ne souhaite pas abandonner Jean-Jacques – lequel l'a aidé autrefois, à l'époque de la fameuse « affaire de l'Observatoire » – et il lui sauve la mise en fondant pour lui, à Paris, le Centre mondial de l'informatique.

Sans plus ni mieux expliquer ses objectifs, Jean-Jacques, président d'un organisme d'État, se conduit aussitôt en « non-fonctionnaire ».

En fait, comme souvent, et pour le long terme, il avait raison : il s'agissait de fabriquer en France des micro-ordinateurs plus performants et nombreux que ceux fournis à l'époque par nos entreprises qui connaissaient surtout les « gros ». Pour y parvenir, il travaille à lier son Centre aux États-Unis, particulièrement aux chercheurs de pointe en informatique de l'université de Pittsburgh. Il les invite à Paris et les y reçoit « aux frais de la princesse »... En utilisant les méthodes de conquistador qui étaient les siennes lorsqu'il était directeur de journal, mais qui ne convenaient pas du tout à un fonctionnaire responsable d'un service d'État et d'un budget.

Mitterrand, là encore, intervient : on apaise la Cour des comptes, il n'y aura pas de poursuites, mais le Centre doit fermer et l'homme, qui ne sait pas s'expliquer – ni se justifier –, s'exile à Pittsburgh où il s'était fait des admirateurs et où il trouve du soutien.

Il y emmène ses quatre fils, sans bien donner les raisons de ce déménagement à sa femme qu'il laisse en France...

À moi non plus il ne dit ni n'explique rien. Au début, je n'avais même pas sa nouvelle adresse.

C'est là qu'on peut mesurer le parcours subtil, souterrain, secret de l'amour : hors de mon atteinte et de ma vue, Jean-Jacques reste pour moi un exemple de courage, d'honnêteté, de travail continu, et je n'entends pas démériter à ses yeux.

Ne pouvant plus travailler dans la presse – aucun journal ne veut de moi, j'ai chez moi un monceau de lettres de refus reçues alors –, je me mets à écrire des livres. Des romans. J'en avais déjà écrit un, paru en 1973 : *Un été sans histoire*, lequel avait rencontré quelque succès. Je me souviens de la fierté de Jean-Jacques, qui n'était pas encore parti en Amérique, à me voir alors sacrée « romancière ».

Il ne me reste plus qu'à continuer dans cette voie, encouragée par des éditeurs et – ce sera ma seule sauvegarde – par le public.

À chaque parution de l'un de mes ouvrages, Jean-Jacques se réjouit. Ils lui plaisent plus ou moins selon le sujet – il n'a trop su quoi penser de mes essais sur la psychanalyse ou sur moi-même (mon père non plus !), mais quel sourire il a, encore aujourd'hui, lorsque je lui apporte le dernier sorti... Il le caresse d'abord, en admire la couverture, puis le retourne, lit le prière d'insérer, l'entrouvre en me disant : « C'est un bon titre ! »

Vu l'abondance de ma production, il m'arrive de percevoir chez autrui – y compris même chez les hommes – une espèce de jalousie, le plus souvent non exprimée, mal contenue. Jamais je ne rencontre ce sentiment-là chez Jean-Jacques : on dirait qu'il est le « père » de tout ce que je peux produire, qu'il s'agisse de mes livres ou de mes dessins.

Oui, mes succès, quand j'en ai, sont *ses* succès. Quant à mes épreuves, je les lui dissimule, il a bien assez des siennes propres !

Hier, je demande à Sabine : « Que s'est-il passé dans la toute petite enfance de Jean-Jacques pour qu'il soit si peu communicatif dès qu'il s'agit de sentiments, de son moi intime, – quelque chose doit l'avoir traumatisé. Quoi ? Le sais-tu ?

– Jean-Jacques ne m'a jamais parlé de son enfance. »

Ainsi pas plus à elle qu'à moi. Cette enfance ensevelie, je la traque et je la perçois dans certains de ses sourires, dans le tout venant de ses gestes... Cet homme est délicat : la façon dont il touche à peine les objets, comme s'il craignait de les casser, dont il mange léger, se déplace sans bruit, regarde les uns ou les autres, vite, puis détourne les yeux : ainsi font les enfants et, comme eux, il a tout vu !

Quand il me demande : « Ça va ? », je décèle dans ses yeux une lueur d'inquiétude jusqu'à ce que je lui aie fourni la réponse qu'il attend : « Mais oui, tout va très bien... »

Suis-je trop tolérante ? Trop bonne avec lui ? À une certaine époque, je me suis pourtant démenée pour casser notre lien si persistant – ou pour l'oublier.

Car c'est difficile, odieux, même, de rester liée à un homme qui ne vous tient plus compagnie, ne se manifeste pas, qu'on voit peu, parfois pas du tout.

Mais rien à faire : ce deuil-là m'est impossible.

Dans une des dernières interviews qu'elle a données à la télévision – pour *La Saga des Servan-Schreiber* –, après avoir rendu hommage à Jean-Jacques, évoqué leur réussite commune, leurs puissants liens affectifs, Françoise Giroud conclut : « Ce qui lui a le plus manqué, c'est le bon sens. » (Françoise a toujours décoché sa flèche la plus acérée en final : c'est là son style, son talent...)

Si c'est « sens commun » qu'elle entend par « bon sens », elle a raison. Jean-Jacques ne fait jamais rien comme les autres : aussi bien sa façon de conduire une voiture que sa carrière journalistique ou politique, que sa vie privée, rien chez lui n'obéit aux règles communes. Avec lui il n'y a qu'une certitude : il n'est pas là où on l'attend.

On le croit à Nancy, on le retrouve à Bordeaux. Le voici ministre à Paris ; il prend l'avion pour aller prêcher à Mururoa le contraire de ce qu'a décidé son gouvernement. Il met vingt-cinq ans à créer un journal devenu l'un des fleurons de la presse française – il le brade en quelques minutes...

Manque de bon sens ?

Ceux qui écriront sa biographie découvriront sans doute la vraie signification de certains de ces actes qui, sur l'instant, nous ont paru suicidaires – ainsi la vente du journal n'a conduit à rien de bon ni pour la famille, dont moi, ni pour le journal lui-même qui a viré, changé de cap et d'esprit, ni pour la physionomie de Jean-Jacques qui est apparu aux yeux de son équipe mal préparée, mal défendue, comme un « lâcheur ».

Pourtant, quel précurseur ! « L'homme qui venait de l'avenir », ai-je dit de lui à la télévision. Il faut relire le *Défi américain* et le *Défi mondial*. Il prévoit, préconise ce qui fait le monde d'aujourd'hui : la première des ressources, dit-il déjà, c'est la ressource humaine – donner à chaque individu la possibilité de développer son pouvoir créateur, celui qu'il a reçu en naissant. Pour cela, dans l'immédiat, chaque enfant devrait, en classe, bénéficier de l'usage d'un ordinateur. (On y vient.) Il n'y avait pas encore Internet, mais il prévoyait que ce qui allait bouleverser le monde, ce serait une communication universelle accrue par tous les moyens possibles et imaginables...

Il pensait aussi – il le prouvait dans son action quotidienne – que la force de l'avenir, ce seraient les femmes. Que la libération, la paix viendraient par les femmes.

Elles étaient à ses yeux le sel de la terre.

Lorsqu'il a commencé la rédaction du *Défi américain*, il se trouve que j'étais en clinique. Il me fait parvenir les premiers chapitres, je les lis, prends le téléphone qui est à mes côtés, l'appelle : « Jean-Jacques, tu es en train d'écrire un best-seller... »

Sa parole a toujours fait écho en moi, surtout avec ce livre bourré de propos si peu conformistes – ne s'y oppose-t-il pas à l'héritage qui lui paraît aussi démodé que la transmission des privilèges chez les aristocrates d'autrefois ? Il déclare qu'on doit garantir un revenu aux agriculteurs, ne serait-ce que pour qu'ils entretiennent les zones rurales (on y est). Il trouve aussi moyen de prévoir qu'on ne vendra pas *un seul* Concorde, mais qu'il faut en revanche développer l'Airbus, le gros transporteur de l'avenir...

Quand je le revois quelques semaines plus tard, il a déjà vendu des dizaines de milliers d'exemplaires du *Défi américain*, mais son sourire d'accueil est plein de perplexité : « Tu crois que c'est bien ? Tu crois que j'ai raison ? »

Bien sûr que c'est bien, bien sûr que tu as raison ! Mais, pour ce qui est du « bon sens », c'est Françoise qui a raison : tu n'en as aucun !

Non, je n'irai pas à Pittsburgh ! Ce n'est pas faute d'y être invitée... Jean-Jacques et ses fils me réclament, ils vivent dans une belle et grande maison – du nom de *Morewood* – où il y a de la place, où ils ont des chiens, où je serais bien. Ils viendraient même me quérir à New York où l'on doit changer d'avion pour emprunter une ligne intérieure.

Les premiers temps, mon refus vient du fait que je n'en ai pas la force : je suis angoissée, malade. Dans un sentiment d'échec et d'impuissance (cette stérilité qui m'est à nouveau opposée comme une faute de ma part). Tout en écrivant mon roman *La Maison de Jade*, je vais me réfugier auprès de mon père, à Saintes. Depuis son veuvage, il est resté seul, il a besoin de moi. Et moi de lui.

Il y a aussi le chien : *Mambo* était celui de mon compagnon, lequel me l'a laissé après notre séparation, ne pouvant l'imposer à la femme qu'il a l'intention d'épouser. Ce chien – auquel j'ai d'ailleurs dédié mon roman – va en quelque sorte me sauver : il m'oblige à marcher, sortir, manger, parfois même jouer... Je ne me vois pas le faire voyager jusqu'à Pittsburgh – il n'est plus tout jeune – dans la soute à bagages d'un avion.

Sans compter que cela m'est venu à cette époque-là, peut-être à cause de trop de chocs : j'ai désormais peur de l'avion, une sorte de phobie. Si je suis contrainte d'en prendre un, me voici dans l'angoisse avant, pendant et après... Pourquoi m'infliger ce tourment ? Il me semble que j'ai avant tout besoin de douceur, de tendresse, d'attention.

J'en reçois de la part de mon père. Aussi de Françoise Dolto et d'un analyste, Pierre Solié, que j'ai été contrainte de voir à la suite d'une tentative de suicide – d'*autolyse*, disent les hôpitaux. Pierre Solié est jungien et me permet de venir à mes séances avec le chien – j'y vais à pied et c'est loin, mais j'ai besoin de marcher. Le chien aussi : sitôt arrivé, pantelant, il se couche tout contre le divan et nous écoute.

Oui, je suis dans la douleur, c'est indéniable. Est-ce du fait de ce malheur d'être rejetée du fait de ma stérilité qui me retient emprisonnée dans ses griffes ? Je n'ai pourtant jamais été aussi attentive à ce qui se passe autour de moi, aux autres, aux grands et petits faits de l'existence. Il me semble que c'est à partir de cette période que j'ai vraiment commencé à m'intéresser aux êtres et à leur histoire.

En premier, je demande à mon père de me raconter sa vie, ses amours, ses guerres, sa carrière, dont jusque-là je me désintéressais ; le résultat de nos entretiens donnera naissance à son livre de mémoires, *Cent Ans de ma vie*.

Par lui je découvre la Charente-Maritime, son charme, ses richesses, son patrimoine. Papa me fait arpenter rue par rue, quartier par quartier, avec explications, la ville de Saintes dont mon grand-père fut pendant vingt ans le maire très actif. Nous parcourons en voiture tous les villages et bourgs où il accompagnait jadis son propre père, qui en était le sénateur, dans ses campagnes électorales. Il en connaît la topographie, les richesses, mais aussi les familles... Mon père m'initie à ce qui est notre « pays » depuis quatre générations, et, en me reliant ainsi au passé, il m'ouvre l'avenir : ce que mes ancêtres ont fait, subi, réussi, même femme je le peux aussi, j'ai leurs gènes, je suis de leur sang.

Papa me fait monter au grenier où s'entassent dans des cantines les archives de la famille : des monceaux de lettres, certaines d'amour – toutes celles que cet homme méticuleux a conservées depuis le début de sa vie. Et de la mienne : ma correspondance d'enfant et de petite fille, celle de ma sœur se trouvent là, préservées, et, à les relire, les souvenirs remontent ainsi que le désir, d'une façon ou d'une autre, de poursuivre cette histoire-là.

Qu'est-ce qu'un et même plusieurs échecs amoureux ? qui n'en a essuyé ? Cela peut durer longtemps, l'existence : ainsi celle de mon père, lequel a connu pire qu'un chagrin d'amour – deux guerres – et qui est si heureux de se réveiller le matin. Aussi de s'être mis à son tour à écrire...

Insensiblement – grâce à la présence de mon père que je ne connaissais pas jusque-là –, prise de respect pour l'exemple qu'il me donne sans me faire leçon, je me sens continuer. « Il y a de quoi vivre », dit parfois Françoise Dolto devant des cas qu'on pourrait croire désespérés. Le mien ne l'est pas, tout compte fait.

À peine sorti, mon roman n'est-il pas bien accueilli ? Toujours en compagnie du chien, je reprends des forces et peux me permettre – ce qui m'était impossible jusque-là, tant j'avais mal à tout – de retourner vers la mer, sur l'île de Ré où je me mets à louer chaque été une maison.

Je n'en suis pas à désirer en posséder une, encore moins un jardin... Cela me viendra au fil du temps, au fur et à mesure que je verrai réapparaître et venir vers moi, un à un, ceux qui sont l'avenir : les fils de Jean-Jacques.

Ma sœur s'est éloignée : son parcours est différent du mien. Malheureuse en amour, en fait durement et injustement trahie, elle s'est repliée sur sa fille, bientôt sur ses petites-filles, et prend courageusement en charge notre mère, handicapée par la maladie d'Alzheimer.

Ma façon d'être, de plus en plus ouverte et disponible à ce qui me vient d'autrui, mon écriture, trop révélatrice de vérités qu'elle considère comme des « secrets de famille », la choquent. J'en souffre, mais je la comprends : elle a besoin de repli, de ne plus être exposée aux à-coups de l'existence, et elle se retire en province, entourée de sa fille et de mes petites-nièces que, par là même, je ne vois plus. Sans rien m'en dire, elles ont pris son parti : celui du silence, et je ne peux que respecter leur choix.

Pour moi, je parle, et de plus en plus : c'est devenu ma façon d'être, de survivre. J'ai renoncé à la gangue de silence dans laquelle tendait à me maintenir Jean-Jacques, qui continue de s'y enfermer.

Je parle en analyse, des séances durant ; je m'exprime à la radio, à la télévision – une émission au cours de laquelle je me suis dévoilée, face à Bernard Pivot, est restée célèbre – et j'écris. Un ouvrage après l'autre, encouragée par mes éditeurs, certes, mais surtout par ce public qui me lit, m'écrit, vient à ma rencontre aux fêtes du livre, ce qui finit par me composer peu à peu une grande famille bien réelle, disséminée aux quatre coins de la France.

Ce que je n'avais ni prévu ni imaginé !

Oui, la vie, quand on ne la refuse pas, est pleine de ressources et aussi d'inattendu. Ce qu'à plus de quatre-vingt-dix ans me déclara un jour mon père : « J'ai tout vu et son contraire... »

Puisque je ne vais pas les voir aux États-Unis, ce sont les fils de Jean-Jacques qui viennent vers moi.

Alors ce que mon père a fait pour moi, à mon tour je le fais pour eux : je raconte.

L'éblouissant jeune homme qu'a été leur père lorsqu'il avait à peu près leur âge, sa guerre comme pilote de chasse, la création de *L'Express* – « C'est pas vrai, il n'avait pas trente ans ? » –, son combat pour la fin de la guerre en Indochine, pour la décolonisation de l'Algérie, pour la paix, pour l'informatique, pour toutes les causes humanitaires qu'on n'appelle pas encore ainsi, qui sont en germe, pour l'Europe bien sûr, pour l'Amérique et contre son engagement au Viêt Nam, et comme il y est allé en personne pour en parler à John Kennedy qui l'estimait et à qui il espérait sans doute secrètement ressembler...

L'un après l'autre, ils m'écoutent, leurs yeux bleus grands ouverts comme si je leur racontais un conte de fées. Leur étonnement fait parfois que je me pince, me tâte : est-ce que je ne suis pas en train d'exagérer, d'embellir la réalité ?

Mais non, tout cela est vrai, plus encore que je ne le leur dis, et ce qui m'étonne, c'est que leur père ne leur en ait rien raconté. Je sais bien que Jean-Jacques a horreur de s'expliquer, de se justifier, mais à ses propres fils... Oui, pour une fois, je me félicite d'exister : je suis utile !

Heureusement que je suis là, et aussi que je suis restée dans le même appartement : « Là, dans cette pièce, nous avons reçu Mendès France, François Mitterrand, Valéry Giscard d'Estaing... et bien d'autres ! Albert Camus aussi, et François Mauriac... »

À croire que nous sommes au musée Grévin !

Puis j'ouvre mes armoires et je donne : l'uniforme bleu marine de leur père, avec ses galons de lieutenant, le képi qui le complète, son vieil attaché-case avec des ailes de métal incrustées. Pourquoi diable avais-je gardé tout ça ? Mais justement pour eux !

À leur tour, ils me racontent Pittsburgh, et bientôt je peux les y suivre par la pensée. Ils m'expliquent leur vie quotidienne ; par bonheur, leurs « nounous », Annick et Liliane, avaient pu les y accompagner, car, pour cause de mésentente avec son mari, leur mère était restée à Paris.

Tous quatre sont beaux. Selon les années, le plus remarquable physiquement sera l'un ou l'autre, mais quand ils entrent tous en même temps quelque part, le quatuor est royal !

Ils en ont conscience et, invités à des surprises-parties, font d'ailleurs exprès – c'est leur unique coquetterie, car ils n'en ont guère – d'arriver tous les quatre ensemble, les *french boys*. Les jeunes Américains, conscients des ravages que va opérer leur charme « latin », sont furieux, ces Français-là vont tomber toutes les filles – ce qui a évidemment lieu ! (Là-dessus, ils tiennent de leur père...)

Leur manège me divertit, et je me réjouis de leurs succès féminins. Je me sens devenir « mère de garçons » et me mets à penser : « Au diable, les filles ! Elles ne seront jamais assez bien pour *mes* fils ! »

Le fait est que j'en vois défiler un grand nombre – multiplié par quatre –, au point que j'ai du mal avec les prénoms.

Toutefois, c'est à pas lents que je laisse ces enfants qui ne sont pas tout à fait les miens entrer dans ma vie.

La fidélité, si elle doit se manifester, doit venir d'eux. Pas de moi.

Voici quelques années, je vois débarquer à Saintes David dans tous ses états. Il vient de Bretagne où il a essuyé un échec sentimental. Il est accablé par l'image de son père, lequel, à ses yeux, a tout réussi. Sur tous les plans, aussi bien professionnels que féminins. Comment faire le poids, en quel domaine le surpasser ? Lentement, par petites touches, sans démolir son idole, je lui expose qu'il a le droit de le critiquer, qu'il a souffert de son père, comme tous les enfants lotis d'un géniteur hors du commun, qu'il ne commet aucun sacrilège en lui reprochant ci ou ça...

Des évidences : mais, depuis lors, en toute occasion, David m'en remercie. Il m'assure que c'est de ce jour-là qu'il a pu se développer dans son propre sens. Écarter son père de son chemin tout en l'aimant et le respectant pour ce qu'il est vraiment.

C'est ce qu'ils ont en commun, tous les quatre, et qui m'attache profondément à eux : le goût de la vérité. Il leur faut la vérité et rien d'autre...

D'où tiennent-ils cette exigence-là ? Si leur père aimait le vrai, il savait aussi l'embellir, le remanier à coups de saisissants raccourcis. Autre époque ?

En tout cas, ils me forcent à m'interroger au plus juste sur ce que j'ai vécu avec et sans leur père. Et si je ne parle que de lui, ils m'interrompent : « Mais toi, qu'est-ce qui te motivait ? » Non, ils ne veulent pas que je ne sois qu'une ombre...

Franklin est le premier à être venu me trouver. Il avait dix ans et demandait à sa nounou de l'emmener une fois par semaine chez moi, faire la cuisine ! La porte d'entrée à peine ouverte, il se précipitait vers le fourneau pour s'emparer de la poêle et nous préparer des œufs sur le plat.

Depuis ce temps-là, il m'a toujours considérée comme un fait acquis, l'une de ses propriétés : je suis là, j'y serai toujours. Il a beau voyager pendant des années, il revient, se précipite chez moi et s'y comporte comme si je lui appartenais de droit...

C'est le seul à m'avoir parfois informée : « Je n'ai pas de costume convenable pour aller au Japon ! » ou « pas de chemise », ou « pas de belles chaussures »... Quel cadeau que de pouvoir lui en faire un ! Jamais son père ne me l'avait permis : lui-même allait acheter ses vêtements avec sa mère ou bien avec sa secrétaire. Je n'avais aucun accès à sa garde-robe.

Les autres garçons me demandent surtout des cadeaux de parole : « Raconte ! » Quand on parle à des jeunes avec qui on a une génération d'écart, on s'entend leur narrer des souvenirs qui peuvent leur apparaître comme des contes de fées... Oui, des histoires aussi extravagantes que celles du Petit Prince ! Pourtant, elles sont vraies, c'est le monde qui, pour avoir changé, les pare, avec le recul, de merveilleux.

De fait, c'est en parlant avec mes « fils » que je donne le meilleur de ma fibre romanesque – sans avoir à travestir...

En dédicace à *Si je mens...*, Françoise m'avait écrit : *À Madeleine qui sait où je mens, mais peut-on ne pas mentir... ?*

Pour ce qui est de moi, je ne mens pas, du moins sciemment, mais je ne dis pas *tout*. Ce serait compliquer ce qui, en fin de compte, a été si simple – n'est-ce pas, Françoise ?

Est-il admissible d'ainsi s'attribuer les enfants d'une autre femme ? Je ne me le permettrais pas sans son assentiment ; or jamais Sabine ne s'est interposée entre le désir d'un de ses fils de me rendre visite, de passer du temps ou des vacances avec moi. Au contraire, elle m'a souvent demandé de m'occuper de l'un ou de l'autre quand elle n'était pas en mesure de le faire elle-même.

Quatre garçons aussi remuants, doués, différents, exigeants d'eux-mêmes et des autres, c'est beaucoup... Reste qu'ils ont plusieurs points communs en dehors de leurs magnifiques yeux bleus hérités de leur père et de leur mère. D'abord un amour total, quoique totalement critique, pour leur père. Qu'ils soient sans concession à son égard, attentifs à ses manques comme à certains de ses égarements, n'a rien d'étonnant : quand on a pour père un homme public, on en entend et on en lit de toutes les couleurs à son sujet, rien ne demeure pudiquement caché, et il s'agit, tout jeune, de se faire sa propre idée. Pour s'en forger une image valeureuse envers et contre tout.

Qui est cet homme ?

Leur première réponse vient du comportement de Jean-Jacques à leur égard : il a toujours été présent, s'étant donné pour règle de prendre au moins un repas par jour à la maison avec eux, de préférence le déjeuner. Et il s'est informé pas à pas de leurs études et de leurs dispositions. L'un, musicien, a reçu des leçons de piano ; un autre, de sabre... Tous de ski et de natation.

Rien ne m'amuse autant, quand nous sommes ensemble à Veulettes, que de les entendre me raconter comment, dès leur plus jeune âge, Jean-Jacques les prenait dans ses bras pour les jeter dans cette mer qui dépasse rarement les 17°C. Ils n'avaient plus qu'à nager, c'est-à-dire à s'aguerrir – ce qui n'est pas sans me rappeler l'épisode de ma noyade qu'aujourd'hui je qualifie d'« amoureuse »... Jean-Jacques – qui s'est retrouvé sans personne aux États-Unis à dix-neuf ans – a estimé que la meilleure éducation consistait à apprendre à chacun à s'en sortir seul. Avec tout de même une arrière-garde ou un garde-fou : lui.

Si besoin était, si réel danger il y avait, que ce soit dans la mer ou ailleurs, il était là.

Cette formation, peut-être semblable à celle qu'il avait reçue lui-même de sa mère, qui le voulait sans peur et sans reproche, puis de la guerre, tous les quatre l'ont admise, assimilée, et lui en sont reconnaissants.

À les entendre, leur père ne pouvait faire « mieux » qu'il n'a fait, les entourant au besoin de tendresse. Petits, il les prenait sur ses genoux ; plus tard, il les embrassait ou leur passait la main dans les cheveux. Il les a même – si j'en crois ce que m'a rapporté son fils Édouard, quand nous avons fait ensemble ce dialogue qui s'appelle *Conversations impudiques* – informés de la sexualité, de l'intérêt qu'il y a à s'occuper de sa partenaire et de son délicat « organe sensible »...

L'homme que j'avais connu muet sur le sujet du sexe avait donc fait bien des progrès !

Moins pour ce qui est de raconter son enfance et sa jeunesse. Aussi les uns après les autres, en quelque sorte par rang d'âge, ces garçons sont-ils venus m'interroger sur un sujet capital pour ce qui est de leur propre développement : comment était leur père lorsqu'il avait leur âge ?

Ils savaient que je l'avais aimé, que je l'aimais toujours et que je pouvais être un témoin chaleureux, quoique objectif, des débuts de leur père dans la vie. Cette confiance m'a énormément touchée, et je dirais même fait progresser. J'ai tenté d'être à la hauteur pour mettre en lumière le tempérament tout à fait particulier de cet homme d'exception, qui l'était dès son adolescence – sa mère, leur grand-mère, n'étant plus là pour le confirmer –, dans une série d'explosions qui n'allaient pas sans difficultés ou « dommages collatéraux » pour son entourage. Dont moi, dont leur mère, dont d'autres femmes...

Car je remarquai vite que chacun de ces garçons avait besoin de savoir, sur son père, des choses différentes : l'un, c'était sur son courage physique ; l'autre, sur sa capacité de créer et réussir une entreprise avant trente ans ; un troisième, sur la façon dont il avait dilapidé sans regret l'avoir familial ; et un autre, David en particulier, sur son comportement avec les femmes : comment avait-il fait pour en séduire tant, dont beaucoup lui restèrent ou lui restent encore attachées ?

Là-dessus, Sabine et moi, quoique d'une façon différente, sommes tout à fait d'accord. Quels que soient les reproches personnels que sa seconde épouse pourrait lui faire – et je ne m'aventurerai pas à en présumer –, elle a toujours défendu corps et biens l'image de leur père devant ses fils.

« Papa », comme elle leur dit, a toujours fait de son mieux, dans des circonstances qui n'étaient pas toujours faciles. Surtout, il a préféré à tout ses quatre fils.

Il est heureux quand je peux lui dire : « Édouard – ou Émile – va venir passer le week-end chez moi. » Ou : « Franklin m'a téléphoné de New York hier soir... David vient écrire chez moi, à Saintes. »

– Très bien.

Puis vient la question taquine : « Lequel préfères-tu ? Lequel est ton chouchou ? »

Chaque fois, j'éclate de rire, car il n'y a évidemment pas de réponse. Au gré des circonstances, j'ai pu un temps être plus proche de l'un, mais, dans mon cœur, ils sont à égalité parfaite. Ce qui se confirme, plus le temps avance et plus il m'arrive d'avoir recours à eux pour une chose ou une autre (souvent, ils savent mieux que moi, ne serait-ce que dans le maniement de l'informatique).

C'est Franklin qui m'a initiée à l'ordinateur, il y a de cela des années ; les autres parachèvent mon éducation sur le Net. Quant à David, il m'apprend le mieux-vivre et la « cohésion cardiaque ».

Moi qui ne songeais pas à être mère, qui ne le souhaitais plus, j'en découvre les charges, les devoirs et les bonheurs. L'essentiel, me semble-t-il, est de permettre à la génération qui nous suit d'accepter le passé tel qu'il a été, avec ses pages noires et blanches, pour en faire un tremplin qui leur permettra d'aller librement vers leur destin. En finissant par nous oublier, en quelque sorte, comme un papillon délaisse et oublie sa chrysalide...

Et sans argent. Car, d'une façon qui n'appartient qu'à lui et qu'on peut dire princière, Jean-Jacques s'est arrangé pour que tout l'argent qu'il a eu entre les mains ait disparu ! Il s'est envolé, servant à élever ses fils, à leur assurer comme à lui une vie confortable, mais il n'a rien à leur laisser. Ceci, afin qu'ils prennent mieux conscience de l'importance de l'héritage moral, celui des principes et des valeurs, et s'en servent pour gagner leur autonomie.

Me voici à justifier parfois ce comportement qui a certes sa grandeur, mais qui n'est pas sans inconvénients. Cette nécessité de n'avoir à compter que sur nos propres forces pour assurer notre quotidien, a achevé de nous lier, Sabine et moi. Alors que notre origine, nos tempéraments, notre physique même – nous ne nous ressemblons en rien, si ce n'est par la taille –, notre différence d'âge, tout aurait dû nous séparer, voire nous opposer.

Lors de notre toute première rencontre, la svelte et vive jeune fille blonde qui venait de séduire Jean-Jacques m'épata à mon tour. Elle pouvait discourir de tout et de rien avec une aisance qui dénotait l'inspiration. Au point que je me suis demandé si elle n'entendait pas « des voix », comme cette Jeanne d'Arc sur laquelle, un jour, assise à même la moquette de l'appartement de l'avenue Pierre-Ier-de-Serbie, elle me fit un exposé éblouissant. À croire qu'elle avait personnellement connu la Pucelle...

Un tel pouvoir d'évocation et d'improvisation l'entraîne dans l'élaboration de mythes, de rêveries, d'histoires plus belles que la réalité, et, à la longue, l'expérience nous a appris à trier parmi ses dires. « Quand Maman affirme quelque chose, disent les enfants avec tendresse et amusement, il y a intérêt à vérifier !... »

Cela ne choque personne. Sabine est une efflorescence, elle passe ici et là, touche à peine terre, se disperse, se dissipe, et rien ne demeure d'elle que sa phosphorescente légèreté. Une danse avec la vie d'autant plus méritoire que l'épouse et la mère en elle ont souffert.

À l'époque de sa rencontre avec Jean-Jacques et de leur prompt mariage, sévissaient encore des préjugés que l'on peut dire « de classe ». Le père de Sabine, Louis de Fouquières, colonel dans l'armée de l'air, n'appréciait pas plus que ne l'avaient fait mes parents le choix de sa fille. Sa liaison, ses intentions de mariage avec un homme qui d'une part était encore marié, de l'autre passait pour un insatiable don Juan – il *s'attaquait* même à sa fille ! –, ne lui plaisaient guère.

Mes parents lui avaient reproché d'être fils de journaliste ; à présent Louis de Fouquières trouvait que, journaliste, son gendre à venir l'était... trop !

Peu de parents approuvent le choix fait par leur fille – ou leur fils – lorsqu'ils n'y ont pas participé. Sabine, pour échapper à des scènes familiales perpétuelles et parfois violentes, venait de temps à autre se réfugier chez nous. Jusqu'à ce que Jean-Jacques lui trouve un logement.

Que pensait-elle de moi à l'époque ? Je ne sais si elle s'est posé la question ; je faisais partie de Jean-Jacques, elle l'aimait, elle était prête à tout ce qu'il voudrait. Comme je l'avais été à son âge, et c'est aussi ce qui nous a rapprochées : changer le trajet de Jean-Jacques se révélant impossible, il me restait à régler son pas sur le sien.

Avec sa vive intelligence, la jeune fille dut comprendre que, tout en divorçant, Jean-Jacques gardait avec moi un lien inamovible, et elle eut la largesse d'esprit et de cœur de me prendre dans le lot, comme faisant partie de lui.

C'est peu à peu, comme il m'arriva avec Françoise, que finirent par se tisser entre elle et moi des liens qui ne devaient plus rien à Jean-Jacques. Au début, ils étaient fondés sur les problèmes et les difficultés que son mari ne cessait d'engendrer pour tout le monde. Du fait, en particulier, de ses décisions éclair : Nancy, Bordeaux, la vente de *L'Express*, son exil – sans elle – aux États-Unis, puis son retour.

Comment cette fille si jeune a-t-elle fait pour s'adapter à de tels changements à vue ? Au commencement, Jean-Jacques la fait vivre dans un grand luxe : il loue des avions privés comme d'autres prennent l'autobus ; il l'installe dans un vaste appartement de la plaine Monceau, puis dans une maison à Nancy, avec de nombreux domestiques, plusieurs chauffeurs ; et soudain tout s'arrête ! Sabine se retrouve aux fourneaux, dans une voiture qu'avec son langage imagé elle qualifie de « pourrie », à s'occuper d'un homme qui ne sait plus rien faire que l'aimer.

Ce n'est pas un secret : un temps, ils se sont séparés – pour finalement se remettre ensemble. Et il se passe cette chose exquise : ils sont liés comme jamais. Si je me trouve seule en compagnie de Jean-Jacques, je vois qu'il en est heureux, mais il ne se passe pas cinq minutes sans qu'il me demande : « Où est Sabine ?

– Ne t'en fais pas, elle arrive. »

Il me gratifie d'un sourire complice. Sabine est un *plus* entre lui et moi. Et il est vrai que lorsqu'elle n'est pas là, il y a comme un manque, un vide, du plaisir en moins.

Car Sabine participe de l'ailleurs, du romanesque avec ses intuitions foudroyantes – « Ce n'est pas ma faute, s'excuse-t-elle, parfois je suis voyante... » –, son imprévisibilité, une magie qui fait qu'avec elle tout s'illumine... Personne ne sait aussi vite ni aussi bien organiser des réunions d'enfants, les déguiser, leur apprendre des saynètes, des poèmes, qu'elle écrit pour eux. Avec un QI remarquable – qui enfonce les nôtres ! – elle participe de l'enfance.

Il lui est d'ailleurs arrivé d'exaspérer Jean-Jacques par cette enfance même qui lui faisait rater les avions, les rendez-vous ou encore sortir des énormités devant les plus hauts personnages. (Je l'ai récemment vue à l'Élysée où Jacques Chirac me remettait une décoration : bousculant les huissiers, le protocole, la voix basse et rauque, le visage radieux, Sabine, qui représentait Jean-Jacques auprès de moi, a fini par s'attirer tous les sourires : une Madame Sans-Gêne issue de l'aristocratie...)

Le temps passant, je ne dirai pas que Sabine s'assagit, c'est plutôt le contraire : elle n'a jamais été autant elle-même avec sa voix de fumeuse invétérée, son petit visage pâle et émacié de vraie blonde, ses jambes nerveuses de cavalière – un goût hérité de sa mère – et avec le besoin d'aimer.

Les fils sont d'accord avec moi pour admettre que leur mère est semblable à nulle autre femme : un enchantement. Elle sécrète le merveilleux, l'inattendu, le « hors-là », comme beaucoup suent l'ennui et le conformisme...

Sans Sabine, cette famille ne serait pas ce qu'elle est : libre. Chacun des fils n'en fait qu'à sa tête – mais dans un impérieux désir de réussite personnelle. Avec l'indispensable affection des siens. Qui ne leur manque jamais : quoi que chacun fasse dans son métier, dans ses amours, le soutien de ses frères et de ses parents lui est acquis.

Pas forcément l'approbation ; il arrive qu'on l'avertisse : « Tu fais une bêtise, avec cette fille-là... » ou « Tu ne vas pas longtemps supporter ce genre de vie, de travail... » Bon, c'est dit, on attend qu'il s'en sorte à sa manière, tôt ou tard, et s'il doit y avoir des pots cassés, nous sommes là.

Il m'est arrivé de dire à Franklin qui se débattait entre ses jobs successifs, quoique brillants, au Japon, aux États-Unis, en Australie, en Suisse : « Tu auras toujours de quoi dormir et manger chez moi ; alors, fais ce que bon te semble... »

Ce qui leur paraît bon, justement, c'est d'être modernes, féconds, afin d'aller dans le sens de leur mère : celle de la générosité créatrice.

« Seras-tu avec nous à Veulettes pour Noël ? » me demande-t-elle cette année encore.

Il y a cinquante ans que Jean-Jacques n'est pas venu ici dans le Limousin.

Sauf les résineux, les cèdres et les grands pins plantés par mon père, poussés si haut qu'avec raison je les mettais en garde, la plupart de mes arbres ont résisté à la tempête de la fin de notre deuxième millénaire. Le chêne tricentenaire, le marronnier affichant plus d'un siècle, comme aussi le tilleul m'impressionnent par leur verdeur, et de plus en plus je les vénère : ils vivront plus longtemps que moi. Sans compter qu'ils ont vu défiler la plupart des gens que j'ai aimés.

Souvent j'en égrène la liste : de Madeleine Vionnet à Maurice Merleau-Ponty, de Marguerite Duras à Jeanne Moreau – laquelle a vécu plus d'un mois entre ces murs avec Pierre Cardin –, de Jérôme Lindon à Jean-Jacques Servan-Schreiber, que de gens illustres sont venus se perdre dans les forêts touffues que j'ai sous les yeux ! Plus, bien entendu, tous mes consanguins : grand-mères, père, mère, oncles, tantes, cousins, sœur, nièces, petites-nièces... Sans compter non plus ces personnes précieuses qui ont aidé, qui m'aident toujours à tenir la maison.

Ce coin retiré du Limousin est un lieu de vie où les livres semblent s'écrire tout seuls : les miens, ceux de quelques autres comme Joëlle de Gravelaine, David Servan-Schreiber, furent en partie rédigés ici.

Quand je suis à l'œuvre dans le parc et le jardin, coupant les fleurs fanées, arrosant les géraniums et les nouvelles plantations, ramassant les marrons d'Inde, les pommes de pin – à brûler –, les châtaignes, les pommes, les noix qu'on engrange, croquant cassis, mûres, groseilles, des semaines entières j'y réside seule et je m'étonne : que sont mes amis devenus, où est passée la compagnie ?

Dispersée comme, en prenant de l'âge, chacun le constate pour la sienne. (D'où ma reconnaissance envers les arbres qui, eux, restent présents et fidèles.)

N'aurais-je pas assez fait attention à eux tant qu'ils étaient là autour de moi ?

Serait-ce ma faute ? Je m'en reconnais plusieurs, liées à ce qu'on appelait en classe mon « étourderie ». Je rêve, j'ai rêvé ma vie, oubliant de me préoccuper de ce qu'on nomme l'avenir, la retraite... C'est que je ne me croyais pas destinée à vivre longtemps, on m'avait tant avertie de ma « petite santé », et je me disais : « Jouis vite de ce qui s'offre à toi, ne perds pas de temps à t'occuper d'un futur qui, d'évidence, n'aura pas lieu. »

Et voilà que c'est moi, la fragile, qui suis là à parler des forts qui ne sont plus !

(Méfiez-vous des créatures qui vous semblent ne tenir qu'à un fil, ce sont souvent les plus résistantes : touchant à peine aux objets et aux plaisirs de ce bas monde, elles s'usent moins vite que ces « bons » vivants qui font les prompts morts.)

Une autre des erreurs que je ne me reconnais qu'aujourd'hui, c'est qu'à ne me sentir aucune force combative, je m'abandonnais en douceur à la volonté d'autrui. Déjà, quand j'étais enfant, ma jeune sœur, nettement plus forte que moi, m'attaquait physiquement sans que je me défendisse. Ce qui fait que pendant des décennies, ma seule manière d'être, face à plus déterminé que moi, c'était ou de fuir – en voiture, en esprit, en rompant – ou de me donner à aimer… Comme une poupée de chiffon. (J'étais d'une laxité extrême, je le suis encore.)

Pendant des années, un tel comportement au fil de l'eau m'a réussi : on s'occupait de moi, m'emmenait partout avec soi – comme me l'imposait Jean-Jacques ainsi qu'il eût fait d'une peluche.

Mais on se lasse des poupées, fussent-elles infiniment souples et bien obéissantes ; un jour on les lâche, elles se retrouvent alors à terre, bonnes pour le ruisseau.

Cela m'est arrivé plus d'une fois, jusqu'à ce que je décide de me redresser, me fortifier, et me tenir seule sur deux jambes bien à moi.

Je n'aurai donc rien fait de ma vie qu'apprendre à me relever et à marcher ?

Si, j'ai écrit. L'écriture, que j'ai parfois comparée à du sang qui s'écoule à mesure qu'on avance sur le chemin, jusqu'à finir exsangue, c'est également les cailloux blancs du Petit Poucet. Elle aide à revenir en arrière, à se retourner sur ce qu'on a été – sur le « comment c'était ».

Et à l'offrir aux autres.

Je porte une décoration à mon revers.
— Qu'est-ce que c'est que ça ? me demande Jean-Jacques.
— C'est la Légion d'honneur.
— Qui te l'a donnée ?
— Mitterrand, à l'Élysée. Tu sais bien : tu étais là.
— Et moi, je n'en ai pas ?
— Tu as toujours refusé la Légion d'honneur. Mais tu as la médaille militaire.
— Ah bon, j'ai fait la guerre ?
— Oui, la guerre d'Algérie, c'est cela qui t'a valu d'être décoré.
— Et toi, tu as fait la guerre ?
— Non, pas moi.
— Alors tu as fait quoi ? Tu es restée à la maison ?
— Je t'attendais. J'avais peur.
— Tu avais peur ? De quoi ?
— De la guerre. Mon père a été blessé à Verdun quand il avait vingt ans ; et mon oncle Charles, que je n'ai pas connu, est mort en 1918.
— Et toi, tu n'as pas fait la guerre ?
— Non. Les femmes en France faisaient et font encore rarement la guerre...
— Alors, on a fait la guerre pour toi ?
— Oui, Jean-Jacques, tu as fait la guerre pour moi.
Il est content et sourit : « C'est bien. »

Quelle chaleur, en cet été 2003 ! Cette féroce canicule m'en rappelle une autre : celle du mois de juillet 1947, quand Jean-Jacques et moi, fiancés, étions venus nous mettre à l'abri de la dessiccation chez ma mère, dans la douceur du Limousin, de ses sources, de sa fraîcheur nocturne.

Et voilà que, plus de cinquante ans après, avec le retour d'un même excès climatique, nous nous y trouvons à nouveau ! Jean-Jacques est venu se réfugier avec Sabine dans notre vieille demeure et jamais je n'aurais imaginé un aussi étrange et nostalgique bonheur : revivre un passé que je croyais à jamais révolu.

Cet après-midi, lui et moi sommes côte à côte sur nos transats, à considérer le marronnier qui, en un demi-siècle, a pris des proportions gigantesques.

Jean-Jacques tient en main l'un de mes derniers livres, *La Maison*, qui décrit par le menu les éléments visibles et invisibles, immatériels, de notre demeure, mais toutes les maisons sont constituées de même : pièces d'habitation, cave, couloirs, grenier, toit, ouvertures, cheminées, etc. Et les amours, seraient-elles également bâties de façon identique, passent-elles toutes par les mêmes étapes ?

– On est où, ici ? me demande soudain mon compagnon en posant le livre sur ses genoux.

– À La Sauterie. Tu y es venu, autrefois.
– Ah bon, et c'est à qui ?
– C'était à ma mère. Maintenant c'est à moi et à ma sœur.
– Et tu y viens depuis quand ?
– Depuis que je suis toute petite...
Il reprend le livre :
– Ah, c'est la maison dont tu parles !
Et comme il aime les chiffres, les détails précis, quitte à les oublier aussitôt :
– Mais tu as écrit combien de livres ?
– Plus de soixante, à ce jour...
– Ah, c'est bien.
Laconique, comme à l'accoutumée. Toutefois, à ce moment de sa vie et de la mienne, au lieu de déplorer son manque d'expansion, je le trouve profondément émouvant. Qu'y a-t-il d'autre à dire ? Il a fait sa tâche, j'ai accompli la mienne et nous avons la chance d'être encore ensemble pour le constater.

... Le dîner est prêt, Sabine revient de sa promenade au haras voisin ; après le repas pris dans la cuisine, nous nous coucherons tôt, dès que les pétards du 14 Juillet auront cessé de faire aboyer les chiens.
La vie aura passé comme dans un rêve et désormais tout est bien. Que demander de plus, en effet, que d'être toujours vivants et heureux autour de la même table ?

Le lendemain, au même endroit, après la sieste, la conversation en vient forcément aux enfants.
– Où est Édouard ?
– À Paris ; il arrivera peut-être dimanche prochain...

– Ah bon, et les autres ?
– Ils travaillent, mais tous sont venus ici, chacun à son tour, selon les années...
– Et ils ont aimé ?
Je lui indique une fenêtre du premier étage :
– L'été dernier, c'est ici, dans cette chambre, que David a écrit son livre, *Guérir*.
J'ajoute : « En pensant à toi. » La dédicace du fils au père en témoigne :

> *Pour mon père JJSS, qui m'a tant aimé et à qui je dois tout.*
>
> *Mon père, j'ai écrit ce livre pour essayer de te ressembler un peu. J'espère que le public jugera que c'est à ton honneur. Je t'aime.*
> *David, mars 2003.*

Qu'en a pensé Jean-Jacques ? Il s'intéresse aussi peu à la médecine qu'à la psychiatrie – ces spécialités lui paraissent hors politique (à tort, de mon point de vue), mais il a le respect du style, et *Guérir* témoigne d'une qualité d'exposition remarquable.

Là, il somnole, chapeau de paille sur la tête, les deux chiens à ses pieds, et je pense à ses autres fils. À Franklin, le voyageur – Tokyo, Sydney, Lausanne, New York, Washington, pour citer les lieux où il a travaillé –, qui a passé des étés avec moi à courir les bois, à dévaler les pentes qui conduisent à la Vienne et à ses rochers, et à me demander ce que je pensais de l'amour, s'il finirait par trouver une femme qui puisse lui convenir...

Tous ont ce souci chez eux primordial : trouver une compagne qui « dure »... Est-ce parce que leur père a réussi ? Du fait que moi, la première épouse, je suis encore là, et plus que jamais Sabine, leur mère.

Il est à sa table de travail et s'adresse à moi sans se retourner :

– Tu me mets de l'eau à bouillir pour mon thé vert ?

Ou : « Si tu sors, tu peux m'acheter *Le Monde* ? »

Ou : « Tu n'as pas vu mon T-shirt bleu ? Et mon livre américain ? »

J'ai le sentiment d'être à nouveau avec Jean-Jacques, jusqu'au moment où j'entends : « Tu ne sais pas où se trouve mon chat ? »

Là, non, ce n'est pas Jean-Jacques, c'est son fils aîné David qui ne va nulle part sans son chat Titus, dans un panier ou juché sur son épaule (même quand il roule à bicyclette). Titus, aussi important que l'ordinateur portable qui contient l'essentiel du livre que David est en train d'écrire chez moi, et qui, après recherche de titres, s'appellera *Guérir*.

C'est chez moi, à Ré, qu'il commence à rédiger cet ouvrage-somme qui mûrissait en lui sans qu'il le sache depuis des années. Depuis ses études de médecin, puis de psychiatre au Canada, aux États-Unis. Pour s'apercevoir que si la médecine, la chirurgie ont accompli des progrès considérables, il y a quelque chose qu'on a toujours un grand mal à soigner, encore plus à guérir : les maladies de l'âme et de l'esprit – ce qu'on nomme, pour faire court, la dépression.

David est né avec le besoin de guérir, de réparer. De voir les autres « aller mieux ».

Ceux qui sont autour de lui, ceux qu'il aime ? Pas seulement. En fait, David aime et peut aimer tout le monde. David ne ressemble à aucun des hommes que j'ai connus – sauf peut-être à son père.

Et c'est un paradoxe de taille : si Jean-Jacques était fou de joie à la naissance de David, en avril 1961, peu de mois après notre divorce, s'il a eu le sentiment que maintenant il pouvait « mourir », selon son expression favorite, en fait les deux hommes se sont mal entendus.

Cela vient de Jean-Jacques : il voulait un fils pour le continuer. Il savait d'avance comment devait et allait être David : un pionnier. Il l'a écrit dans *Passions*, au fil de pages où jaillit l'amour. Mais l'amour pour qui ? Pour ce nouvel être, ou pour l'image que lui, le géniteur, s'est façonnée de son « héritier » mâle, le premier de ses fils ? Les autres, il les laisse beaucoup plus libres d'être et de devenir ce qu'ils veulent, surtout Édouard, le puîné, devenu peu à peu la perle de ses yeux, son « petit canard »... (Lequel se trouve être lieutenant de vaisseau pour avoir fait son service dans la Marine, à l'étonnement de son père, le pilote...)

Mais c'est d'entrée de jeu que David a reçu une mission : accomplir ce que son père a laissé en suspens... Du fait des autres, pense-t-il, de ces hommes d'État qui ne l'ont pas compris – ou dont il n'a pas su se faire comprendre. Du destin, aussi. Jean-Jacques se sent bientôt fatigué, las, en chute de dynamisme, en perte de vitesse et de mémoire...

Heureusement il y a David, lequel doit absolument prendre le relais !

Eh bien non... David ne se conforme pas aux vœux de son père. David décide de n'en faire qu'à sa tête, ou plutôt qu'à son cœur : il ne veut pas entrer en politique, il veut être médecin, et même médecin du mental – psychanalyste, psychiatre.

Pour Jean-Jacques, la déception est grande, terrible même : il se braque, tient son fils à distance pendant des années, c'est tout juste s'il ne le renie pas. Tout ce que fait ou tente David à l'époque est à ses yeux erroné, ne peut que l'être...

Quelle souffrance pour le jeune homme !

Par la suite, même tracé, le chemin n'a pas été facile : il lui a fallu passer par différentes épreuves. Il a été « médecin sans frontières », a traversé lui-même une grave maladie, puis, ayant fondé un centre de médecine parallèle à Pittsburgh, il s'est trouvé confronté à toutes les résistances que lui opposait la médecine traditionnelle... jusqu'à ce qu'on finisse par admettre que les méthodes qu'il proposait et expérimentait « marchaient ».

Puis il a décidé de revenir « chez lui », en France – un choix qu'ont successivement fait ses frères (ce qui ne veut pas dire que la France les accueille en leur donnant toutes leurs chances et en profitant de leurs acquis : ils en repartiront peut-être) – pour habiter dans le même immeuble que son père. Il l'entoure, le soigne, lui parle, mais il est trop tard pour lui parler vraiment. Son père – c'est un drame vécu chaque jour – n'entend plus ce qui relève des arguments rationnels, il s'est replié dans le domaine affectif. Il sourit de tout son cœur quand il aperçoit son fils, ses fils – et puis c'est fini : Jean-Jacques va dans son fauteuil et tourne son regard vers l'écran de la télévision où il demande qu'on lui passe et repasse les cassettes de ses grands hommes, Winston Churchill, Patton, etc.

Une fois de plus déçu, blessé, mais non découragé – bien au contraire ! –, David débarque chez moi : « Il faut que j'écrive un livre sur mon expérience. » Je tire une table et une chaise devant la baie ouverte sur le jardin, il branche ses ordinateurs. Je m'enquiers de ce qu'il veut manger – fruits, légumes, poisson –, j'explique à mon chien Léon qu'il doit se montrer on ne peut plus gentil et accueillant avec le chat Titus… Et c'est parti !

David travaille plus de huit heures par jour, communique sans cesse, par Internet ou sur son portable, avec les États-Unis, l'Australie, le Japon (là où sont les chercheurs et les références dont il a besoin). Le reste du temps il va courir, nager, aussi prendre l'air aux terrasses des cafés des Portes-en-Ré où évoluent de bien jolies créatures… Pour l'instant, il n'a pas le temps de « draguer », mais il enregistre, se réjouit que de si longues jambes, de si beaux cheveux blonds, de tels regards fiers existent… Ce sera pour plus tard.

J'accepte d'admirer avec lui : il m'a installée de gré ou de force dans le métier de « mère », d'accompagnatrice et même de conseillère littéraire.

Un matin, il me soumet son premier chapitre et j'ai un choc. (David ne cesse de m'en procurer…) « David, cela me rappelle le premier chapitre du *Défi américain*. Toi aussi, comme ton père, tu as le ton du livre à succès : c'en sera un ! »

Je n'oublierai jamais son regard : il y aurait donc une chance pour que lui, le fils incompris, égale son père en quelque chose ? En tout cas, ce jour-là, je lui en donne l'espoir. Il travaille de plus en plus et demande à continuer son livre, toujours chez moi, quand je me rends dans le Limousin.

Là, il est installé au premier étage, Titus perché sur le rebord de la fenêtre. Il travaille si continûment que de tout son séjour il ne mettra pas les pieds à Eymoutiers, notre gros bourg. Mais, quand il repart pour Paris, le livre pèse son poids, et je sens le garçon, devenu un homme maintenant, (presque) guéri de lui-même.

Un bonheur pour moi !

Au lendemain du décès, Sabine m'appelle :
— Jean-Jacques a appris la nouvelle par la télévision : il veut aller à l'enterrement de Françoise, qu'est-ce que tu en penses ?
— S'il le désire, il faut qu'il y aille.
— C'est bien mon avis, Françoise a occupé une place importante dans sa vie, il est normal qu'il ait envie de la saluer une dernière fois... Mais il y a des gens pour me le déconseiller : dans l'état où il est, me disent-ils, que ne fera-t-il pas ! Tu le connais, il est capable de crier soudain très fort : « Qu'est-ce qu'on fait là, c'est nul ! »
— Il aurait raison : la mort, c'est toujours « nul » ! De toute façon, qu'importe l'opinion des autres : c'est lui qui compte, et la mémoire de Françoise. Si quelque chose doit se produire, nous serons là pour faire face.
— Et puis, c'est dans trois jours, ajoute Sabine ; si on ne lui en parle plus, il aura peut-être oublié...

Mais Jean-Jacques n'a pas oublié. Ce matin-là, il se réveille plus tôt que d'habitude, demande qu'on l'aide à s'habiller, et ce 22 janvier au matin, nous nous rendons « en famille » au crématoire du cimetière du Père-Lachaise.

Il y a beaucoup de monde rassemblé et ému : la famille, les amis, des personnalités en tout genre. Jean-Jacques, très élégant en pardessus noir et écharpe blanche, le cheveu argenté, avance lentement au bras de Sabine, entouré de leurs quatre fils – par chance, ils sont tous à Paris. Une entrée remarquée. Je suis déjà assise et d'un seul mouvement ils viennent m'entourer. Édouard, assis entre son père et moi, me tient la main pendant toute la cérémonie.

La sono est si mauvaise qu'on entend mal les discours d'hommage, ce qui laisse la possibilité de méditer.

Nous n'avons pas été conformistes, ni traditionnels, ni toujours justes, les uns comme les autres, selon les moments, mais nous avons su – toujours – garder le sens de l'essentiel.

La preuve : nous sommes là.

Tout compte fait, même si c'est un jour de deuil, c'est un grand jour.

De clair vêtu, il est très beau avec ses épais cheveux blancs, ses yeux bleus qui le font ressembler à un acteur américain.

Sur ses genoux, la couverture jaune pâle qu'en passant j'y ai déposée comme par mégarde – sinon il s'agace qu'on s'occupe de lui : « Pour quoi faire ? Je n'ai pas froid... »

Mais il est plus de huit heures du soir, l'air a fraîchi et, cette fois, il a accepté le don sans réagir. Entre lui et moi, cela se poursuit sans mots.

Survient une belle femme brune et mince, la compagne du gardien, qu'il a déjà remarquée ; il sourit, veut lui faire sa cour, la séduire avec ses moyens actuels : « Tiens, lui dit-il, je te donne ma couverture... Prends-la, tu en as besoin... »

La jeune femme le convainc qu'il vaut mieux qu'il la garde. Alors il lui parle, lui répétant la même chose : « Qui tu es, toi ? On est où, ici ? Cela s'appelle comment ? Où vas-tu ?... »

Sa voix est inchangée, vigoureuse ; c'est le regard qui est différent, un peu égaré. Et pourtant, quelle vue... « Regarde, me dit-il à peu près tous les après-midi, l'avion là-haut : tu le vois ? » L'appareil est à une telle distance qu'on ne l'entend pas, il faut le chercher dans l'immensité du ciel. Parfois un sillage blanc permet de le repérer, parfois non, et moi qui suis myope, je dois scruter le bleu du ciel avant d'apercevoir le petit point lumineux. Je pourrais faire semblant de voir ce qu'il m'indique, mais je ne peux pas lui mentir, ou très difficilement, même maintenant.

– Ah oui, lui dis-je, il va vite...

– Il est à quelle distance, tu crois ? me demande l'ancien pilote de chasse.

J'y vais au hasard :

– Quatre mille mètres...

– Oui, ce doit être ça.

Échange bref et pourtant profond. Françoise Dolto dont le mari, Boris, perdait la tête, les derniers mois, m'avait dit : « Tu sais, je m'aperçois que l'être est là, intact, même si la personne n'a plus tous ses moyens... »

L'être de Jean-Jacques est totalement le même, et entre lui et moi c'est la même sorte d'échange au-delà des paroles. Dans *Passions*, « *Madeleine me protège* », écrit-il. Il ne me l'avait pas dit, à l'époque, et c'est maintenant que j'en prends conscience : quand Sabine est ailleurs, mine de rien je le surveille constamment ; s'il est éveillé, s'il somnole, s'il a soif, s'il a sa canne à portée, surtout s'il n'est pas dans l'angoisse. Lorsqu'il est paisible, je me dis que c'est parce qu'il me fait confiance.

C'est cette confiance que je crains de décevoir, car je ne suis qu'humaine, pas toute-puissante, et, à son égard, j'ai toujours redouté de ne pas être à la hauteur.

En parlant avec Sabine des origines sûrement très lointaines de sa maladie, je découvre qu'il a subi énormément de chocs à la tête : mâchoire fracassée par une planche de surf à San Diego ; coma suite à une chute sur le verglas ; déjà, avec moi, sur une « pelle » à skis, il perd la mémoire pendant vingt-quatre heures. C'est à vingt ans qu'il a subi son premier traumatisme : le train d'atterrissage de son avion de chasse n'est pas sorti et l'appareil s'est posé violemment sur le ventre. Sa colonne vertébrale en a sûrement gardé trace.

L'ai-je pressenti quand je l'ai rencontré, que ce garçon si dynamique, si allant, avait une faille qui risquait de le rattraper ? J'ai constamment tremblé pour lui.

Et lui, avait-il notion d'une sorte de sursis ? Alors qu'il était au sommet de sa forme, il lui arrivait de dire : « Quand j'aurai fini ce que j'entreprends en ce moment, je pourrai mourir... »

Dans l'immédiat, il ne court pas de gros risques, du moins de son fait : il a chaussé ses lunettes et entrepris de lire la biographie de Françoise Giroud dont la photo, souriante, est sur la couverture.

Soudain il pose le livre et me fixe :

– Françoise, c'était ma copine ?

– Oui, Jean-Jacques.

– Où est-elle ?

– Mais tu sais bien : elle est morte.

– Il y a longtemps ?

– Au début de cette année, en janvier ; souviens-toi, nous étions ensemble à ses obsèques.

– De quoi est-elle morte ?

– Elle avait quatre-vingt-six ans.

Il se tait. Songe un peu, le livre sur les genoux. Me demande :

– Et elle vient quand ?

Le soleil couchant nous baigne d'une lumière rose, la forêt s'assombrit, l'air fraîchit ; il va falloir rentrer pour le dîner. Je suis triste, je me retrouve comme il y a des années : si je pouvais – puisqu'il le désire, lui qui à présent désire si peu de choses –, je ferais bien venir Françoise.

David Servan-Schreiber est le premier de la nouvelle génération à percer haut la main ce que François Mitterrand m'avait désigné un jour comme « le mur de l'indifférence ».

Avec son livre *Guérir*, David non seulement se fait un prénom, mais répare quelque chose des souffrances qui ont accablé les siens. Je n'en ferai pas la liste, mais il est certain que lui, l'aîné, devient de jour en jour le chef de file, aussi bien pour moi que pour ses frères, pour son jeune fils Sacha et pour ses parents, au gré d'un lent cheminement qui va vers un seul but : la joie.

Il nous inculque ce qu'il développe dans son ouvrage, ses conférences, ses consultations : respirer par le cœur. Sur *France-Inter*, l'autre jour, le voici qui suggère soudain à l'auditoire et à la journaliste qui l'interroge : « Si vous le voulez bien, nous allons tous ensemble prendre une respiration par le cœur... » On entend alors – j'étais à l'île de Ré, mon poste posé devant moi – un très long souffle dans un silence extraordinaire. C'était impressionnant et je me suis dit que Jean-Jacques devait être heureux d'avoir engendré un être capable de poursuivre son œuvre d'une façon aussi « spirituelle ». La spiritualité étant chez lui la forme la plus sublimée de la politique, comme nous l'ont appris des hommes et des femmes tels que Gandhi, Nelson Mandela, Martin Luther King, sœur

Teresa, sœur Emmanuelle et bien d'autres saints avant eux...

J'ouvre *Passions* et je lis :

« *Je suis allongé sur les galets de la petite plage entre Dieppe et Fécamp, où se trouve la maison de mes parents. L'avenir a-t-il encore un sens qui vaille ?*

« *J'ai eu bien des chances et pour la plupart je ne crois pas les avoir laissées passer. J'ai trente-six ans, j'ai quitté ma famille à seize ans – j'ai donc eu, en vingt ans, une vie complète.*

« *Satisfaisante ? Je ne sais pas. J'ai fait face. Je n'ai pas eu de mérite : je n'avais pas le choix.*

« *Mon envie est d'arrêter là. Ce serait dans la nature des choses. Je suis heureux de ce qui a été accompli. J'ai eu ma part. C'est bien ainsi. Ça suffit.*

« *Je me sens en somme apaisé. Derrière moi, d'ailleurs, la montée de la vie me rassure. Je viens d'avoir de ma jeune épouse, Sabine, un fils ! C'est lui qui continuera, comme j'en rêvais. Il me semble déjà le connaître, et l'aimer, si vivement. J'ai confiance, je ne doute pas. Il a en lui, dans ses yeux, les vertus d'un pionnier. Il s'appelle David.*

« *Ce nom est aussi beau en français qu'en anglais, et je pense que lorsque David arrivera à la maîtrise de son art, il sera, sans doute, aussi américain que français.*

« *[...] J'ai réconcilié ma raison – qui me souffle : d'abord David – avec ma nature – qui m'incite toujours aux combats. Ceux que je vais mener le seront maintenant sous ses yeux, pour lui, avec lui, en son nom. Le feu de notre action sera son initiation. Dans les luttes, partout où je serai, il sera avec moi. Et il n'aura pas besoin d'autre héritage...* »

David, souviens-toi ! Ainsi parlait ton père.

DU MÊME AUTEUR

Un été sans histoire, roman, Mercure de France, 1973 ; Folio, 958.
Je m'amuse et je t'aime, roman, Gallimard, 1976.
Grands Cris dans la nuit du couple, roman, Gallimard, 1976 ; Folio, 1359.
La Jalousie, essai, Fayard, 1977 ; rééd., 1994.
Une femme en exil, récit, Grasset, 1979.
Un homme infidèle, roman, Grasset, 1980 ; Le Livre de Poche, 5773.
Divine Passion, poésie, Fayard, 2000.
Envoyez la petite musique..., essai, Grasset, 1984 ; Le Livre de Poche, « Biblio/essais », 4079.
Un flingue sous les roses, théâtre, Gallimard, 1985.
La Maison de jade, roman, Grasset, 1986 ; Le Livre de Poche, 6441.
Adieu l'amour, roman, Fayard, 1987 ; Le Livre de Poche, 6523.
Une saison de feuilles, roman, Fayard, 1988 ; Le Livre de Poche, 6663.
Douleur d'août, Grasset, 1988 ; Le Livre de Poche, 6792.
Quelques pas sur la terre, théâtre, Gallimard, 1989.
La Chair de la robe, essai, Fayard, 1989 ; Le Livre de Poche, 6901.
Si aimée, si seule, roman, Fayard, 1990 ; Le Livre de Poche, 6999.
Le Retour du bonheur, essai, Fayard, 1990 ; Le Livre de Poche, 4353.
L'Ami chien, récit, Acropole, 1990 ; Le Livre de Poche, 14913.
On attend les enfants, roman, Fayard, 1991 ; Le Livre de Poche, 9746.
Mère et filles, roman, Fayard, 1992 ; Le Livre de Poche, 9760.
La Femme abandonnée, roman, Fayard, 1992 ; Le Livre de Poche, 13767.
Suzanne et la province, roman, Fayard, 1993 ; Le Livre de Poche, 13624.
Oser écrire, essai, Fayard, 1993.
L'Inondation, récit, Fixot, 1994 ; Le Livre de Poche, 14061.
Ce que m'a appris Françoise Dolto, Fayard, 1994 ; Le Livre de Poche, 14381.
L'Inventaire, roman, Fayard, 1994 ; Le Livre de Poche, 14008.
Une femme heureuse, roman, Fayard, 1995 ; Le Livre de Poche, 14021.
Une soudaine solitude, essai, Fayard, 1995 ; Le Livre de Poche, 14151.
Le Foulard bleu, roman, Fayard, 1996 ; Le Livre de Poche, 14260.
Paroles d'amoureuse, poésie, Fayard, 1996.
Reviens, Simone, suspense, Stock, 1996 ; Le Livre de Poche, 14464.
La Femme en moi, essai, Fayard, 1996 ; Le Livre de Poche, 14507.
Les Amoureux, roman, Fayard, 1997 ; Le Livre de Poche, 14588.

Les amis sont de passage, essai, Fayard, 1997 ; Le Livre de Poche, 14751.
Un bouquet de violettes, suspense, Stock, 1997 ; Le Livre de Poche, 14563.
La Maîtresse de mon mari, roman, Fayard, 1997 ; Le Livre de Poche, 14733.
Un été sans toi, récit, Fayard, 1997 ; Le Livre de Poche, 14670.
Ils l'ont tuée, récit, Stock, 1997 ; Le Livre de Poche, 14488.
Meurtre en thalasso, suspense, Stock, 1998 ; Le Livre de Poche, 14966.
Défense d'aimer, Fayard, 1998 ; Le Livre de Poche, 14814.
Les Plus Belles Lettres d'amour, Albin Michel, 1998.
Théâtre I, En scène pour l'entracte, Fayard, 1998.
Théâtre II, Combien de femmes pour faire un homme ?, Fayard, 1998.
La Mieux Aimée, roman, Fayard, 1998 ; Le Livre de Poche, 14961.
Cet homme est marié, roman, Fayard, 1998 ; Le Livre de Poche, 14870.
Si je vous dis le mot passion..., entretiens, Fayard, 1999.
Trous de mémoire, essai, Fayard, 1999 ; Le Livre de Poche, 15176.
L'Indivision, roman, Fayard, 1999 ; Le Livre de Poche, 15039.
L'Embellisseur, roman, Fayard, 1999 ; Le Livre de Poche, 14984.
J'ai toujours raison, nouvelles, Fayard, 2000 ; Le Livre de Poche, 15306.
Jeu de femme, roman, Fayard, 2000 ; Le Livre de Poche, 15331.
Divine Passion, poésie, Fayard, 2000.
Dans la tempête, roman, Fayard, 2000 ; Le Livre de Poche, 15231.
Nos jours heureux, roman, Fayard, 2000 ; Le Livre de Poche, 15368.
La Maison, récit, Fayard, 2001.
La Femme sans, roman, Fayard, 2001.
Les Chiffons du rêve, nouvelles, Fayard, 2001 ; Le Livre de Poche, 15553.
Deux Femmes en vue, roman, Fayard, 2001 ; Le Livre de Poche, 15421.
L'amour n'a pas de saison, Fayard, 2002.
Nos enfants si gâtés, roman, Fayard, 2002.
Callas l'extrême, biographie, Michel Lafon, 2002.
Conversations impudiques, essai, Pauvert, 2002.
Dans mon jardin, récit, Fayard, 2003.
La Ronde des âges, roman, Fayard, 2003.
Mes éphémères, Fayard, 2003.

www.madeleine-chapsal.com

Cet ouvrage a été composé par
Paris Photocomposition
36, avenue des Ternes, 75017 PARIS

Impression réalisée sur CAMERON par
BRODARD ET TAUPIN
La Flèche
en janvier 2004

Imprimé en France
Dépôt légal : janvier 2004
N° d'édition : 40335 – N° d'impression : 20793
ISBN : 2-213-61745-7
35-57-1945-1/01